国家社科基金青年项目（项目编号：12CGL030）

融资决策、资本结构调整与经理管理防御

张海龙◎著

中国社会科学出版社

图书在版编目(CIP)数据

融资决策、资本结构调整与经理管理防御/张海龙著. —北京：中国社会科学出版社，2020. 4
ISBN 978-7-5203-6319-8

Ⅰ. ①融… Ⅱ. ①张… Ⅲ. ①上市公司—企业管理—研究—中国 Ⅳ. ①F279. 246

中国版本图书馆 CIP 数据核字(2020)第 064830 号

出 版 人 赵剑英
责任编辑 王 曦
责任校对 孙洪波
责任印制 戴 宽

出 版 中国社会科学出版社
社 址 北京鼓楼西大街甲 158 号
邮 编 100720
网 址 http://www.csspw.cn
发 行 部 010-84083685
门 市 部 010-84029450
经 销 新华书店及其他书店

印刷装订 北京君升印刷有限公司
版 次 2020 年 4 月第 1 版
印 次 2020 年 4 月第 1 次印刷

开 本 710×1000 1/16
印 张 12
插 页 2
字 数 140 千字
定 价 66.00 元

凡购买中国社会科学出版社图书，如有质量问题请与本社营销中心联系调换
电话：010-84083683

目　录

第一章　绪论

融资决策是公司资本运营的核心内容之一，也是现代资本结构理论研究的重要内容。Zingales（2000）把公司财务问题分为资本结构、公司治理和企业价值三个方面，并认为最基本的问题是公司如何融资。融资决策既是公司资金运动的起点，也是公司能否正常有效运转和持续经营的前提条件，决定着公司的投资规模和股利分配政策，从而影响企业价值、获利能力以及财务风险。融资方式选择的根本问题是如何确定债务资本和权益资本的比例关系问题，即资本结构问题。

20 世纪 50 年代，国外理论界开始研究企业的资本结构和融资问题，1958 年 Modigliani 和 Miller 基于一系列严格假设，通过建立模型分析了资本结构对公司价值的影响，模型推理的结论显示了公司的最终价值与债务资本和权益资本比例大小无关。这一理论也被称为 MM 理论，MM 理论的提出在理论界引发众多研究者开始关注公司融资选择问题，大量的学者基于此理论对融资选择理论和资本结构理论进行了开创性的研究，因此，MM 理论也被称作现代资本结构理论的奠基石。后续研究也都是在 MM 理论的框架下展开的，众多的研究都是对原来严格假设条件进行放松，使模型更加符合现实背景，相继产生了啄序理论、信号传递理论、委托代理理论、信息不对称理论以及资本结构的控制权理论等一系列对现实有重要指导的影响深远的研究成果。这些理论都是站在不同的层面来分析实务中企业的筹资选择决策的内在原因和现有资本结构状态的合理性，这不仅是对理论研究的重要推进，也为公司融资决策和资本结构选择的实践提供了重要的理论指导，并为完善公司治理实践提供了理论支持。

虽然在20世纪50年代我国就有公司融资问题的研究，但直到90年代，随着制度环境和市场体系的不断完善，对其研究才开始发展起来，大量的学者将西方相关的理论及研究成果引入我国的融资实践，并对其在我国的适用性问题进行了大量的实证研究，尽管相关研究对我国的融资实践有重要的指导意义，但总体来说西方融资理论和资本结构理论在适用性上并不符合我国的融资实践。如按照西方资本结构理论，公司选择资金的来源时，应最后考虑权益筹资，最先考虑内部融资，债务融资居中考虑，但我国尤其是上市公司普遍偏好股权融资；这其中的原因有制度层面的、市场层面的，也有公司内部层面的。但无论什么层面的原因，公司的融资决策最终都会受经理人的影响。事实上，经理作为公司财务决策的重要决策者和实施者，由于面临离职威胁的压力，在决策中必然选择有利于自身的行为决策，这将会影响公司融资决策和资本结构选择。

本书以公司经理人基于离职威胁的存在而产生管理防御的行为动机为研究前提，试图揭示在经理管理防御理论框架下，经理人的财务行为决策如何影响公司的融资选择和资本结构调整问题，以及相互间的影响与作用关系，并从更深的层次挖掘我国上市公司的经理管理防御行为对企业资本结构调整和融资决策的影响。从理论层面拓展了公司治理理论研究的视野，对解释复杂的经理人行为具有重要的参考意义，并对现实中如何有效地抑制经理人管理防御行为具有借鉴意义，提高了理论对现实的解释能力。从现实实践层面，可以为相关政策部门制定融资政策提供有价值的信息，为上市公司提高融资决策的合理性提供参考，有助于完善公司治理结构、提高公司的治理效率。

第一节 研究背景和意义

一 研究背景

（一）公司治理实践的不断发展使得经理与股东之间的代理问题需要从新的角度研究和探索

Berle 和 Means（1932）提出了“所有与控制的分离”的命题，认为在现代股份公司中，股东人数较多从而使公司股权无法形成较为集中的股权，股份公司的控制权并不在股东手中，公司的控制权实际上被公司的管理者控制，从而造成了公司的经营权和所有权的分离，这是传统公司治理问题研究的逻辑起点。由于股权在此种状态下是分散的，不易形成股东对经理强有力的监督，再加之股东之间形成的搭便车行为，使得经理被股东有效监督和约束的效果大大降低，从而形成经理人对公司的超强控制。因此，如何有效降低由于两权分离而产生的代理成本就成为传统研究治理问题的核心，后续研究的重点基本都是怎样解决经理和股东的冲突问题。基于代理理论，经理和股东的目标函数不一致的最主要原因是双方信息不对称，因此，为了使双方目标函数趋于一致，可以通过加强企业的内部控制和激励机制，最终解决双方由于利益目标偏离产生的冲突问题。然而，自从对公司治理研究由西方国家的实践拓展到世界范围内以来，传统代理理论不断受到质疑，研究者对所有权与经营权分离的适用性和公司治理理论的基础都产生了动摇。如从世界范围来看，股权分散的假设与现实有很多不相符合的地方，而股权集中或者股权相对集中反而是世界上大多数国家公司股权结构的普遍现象，尤其在我国上市公司实践中更为明显；另外，基于离职威胁及之后的转换工作成本，经理并不会被动接受公司治理中的监督激励机制，而是具有主动地应对企业内部和外部的各种控制机制的管理防御动机，这势必使传统公司治理中的激励机制和内部控制监督的最终效果很难达到制度设计的目标。经理人为稳固自身职位、减少离职威胁所带来的压力，必然在自身控制权范围内选择有利于维护职位稳固的行为决策，而这些行为决策可能对股东并非有利。经理未必会选择股东期望的债务筹资，而选择权益筹资，或者当股东想要选择长期投资项目时经理人却选择了有利于自身业绩和绩效考核的短期投资项目，这些基于职位稳固的行为可能会降低公司绩效，从而最终损害股东利益，这使得对经理人和股东之间冲突的研究要从新的视角出发，要充分考虑经理人在面对公司治理机制时主动应对的新情况，这将有助于拓展现代公司治理研究的范围，对有效规范经理人行为有积极作用。

（二）管理防御所引起的公司治理问题在实践中越来越受到重视

从公司的治理机制的本质上来看，公司治理属于制度性的安排，是一种有效的制衡机制，是对各利益主体的责权利进行规范，其目的是为了最大限度地降低代理人可能带来的逆向选择和道德风险，提高公司经营效率。公司业绩的提高、各相关主体的利益保护、资本市场的健康发展都最终依赖于公司治理水平的提高，因此，如何评价公司治理机制的有效性就显得尤为重要。一个有效的公司治理机制作用的发挥将有助于公司业绩的提高。因此，用公司业绩评价公司治理机制的有效性是公司治理机制研究的一条主线，随着研究的深入，许多研究者认为这种方法存在局限，首先是公司治理的完善提高了公司绩效还是由于公司业绩的提高促使了公司治理机制的完善，两者之间的影响关系并不是很明确；其次是即便是公司治理影响公司绩效，但实证中很难将公司治理因素和其他影响公司绩效的因素单独区分开来，这使得众多研究者开始从其他角度研究公司治理机制的有效性评价。既然公司治理是为有效防止经理人利益目标偏离股东利益最大化目标的一系列制度安排，因此，能否有效地对业绩低劣的经理人做出惩罚，并对不称职的经理人进行顺利更换是公司治理机制是否有效的重要体现，上市公司能否有效积极约束和惩戒不称职的经理人是公司治理有效的必要条件，因此，公司治理实践在广度和深度上都有很大的发展。随着研究的不断深入，经理人的行为动机越来越引起研究者们的重视，这有利于完善和充实公司治理的研究。在实际工作中，经理往往不会被动应付各种管控机制，基于离职威胁的存在和离职后所拥有的各种在职消费和非货币收入的消失，经理人有主动应对公司治理的自我保护的防御动机，必然在公司经营决策中选择有利于维护现有职位的管理防御行为。随着公司治理的不断深入发展，经理的权限和对公司控制能力不断加强，越来越对公司的经营决策产生影响，在公司中的核心地位作用不断加强，更容易选择实施维护自身职位安全的行为措施，使原本就存在的代理情况更加明显。近些年来，学者开始关注为了减少离职威胁的经理管理防御行为，大量学者基于不同角度研究此问题，也得到了许多有意义的结论，管理防御问题的研究已成为公司治理领域研究的重点和热点。

（三）现代资本结构理论对于解释我国公司融资实践表现出了一定的局限性

公司负债和发行股票不仅是公司重要的融资工具，更重要的是决定着公司控制权的安排，体现出不同的治理效应。资本结构理论不仅是如何选择债务资本和权益资本结构比例的问题，更重要的是通过债务和权益工具的选择影响公司治理效率，更好地指导融资实践。从我国企业尤其是上市公司的融资实践来看，现代资本结构理论和融资理论并不完全适合我国的现实情况，有些融资实践和理论结论不相符合，甚至相反，难以有效地对我国企业的融资实践做出合理解释。从我国上市公司的融资实践来看，普遍存在偏好在资本市场上发行股票进行筹资的现象；从融资的效果来看，很大一部分上市公司资金筹措后的经营业绩不是变好，而是持续恶化。而且大量募集资金被控股股东挪作他用、资金的使用投向发生变更或者大量资金被闲置，这些行为对我国上市公司和资本市场的持续健康发展带来很大损害。根据啄序理论，公司选择外部融资应首先选择债务资本方式，然后选择发行股票进行筹资，而我国的融资实践刚好相反，都是首先采用发行股票的方式进行筹资；这就需要我们从理论上更加深入地思考我国上市公司的融资实践背后的行为动机。

对我国公司优先选择发行股票进行资金筹集的主要原因，大部分研究者认为融资成本大小是优先选择发行股票进行资金筹集的主要原因，认为上市公司发行股票进行资金筹集的成本低于采用债务筹集资金的成本是企业优先发行股票筹资的主要原因。但这种解释并不完全正确，因为对经理人站在公司利益的角度选择筹资成本较低的股票融资无可厚非，但从投资者的角度来看，债务资本的收益将大于权益类资本的收益，投资者就不愿提供权益类资本而更加倾向于提供债务类资本，这将使权益类资本的供给下降，投资者对权益类资本的预期收益率就会提高。从长期来看，采用发行股票进行筹资的资本成本就会升高，发行股票进行资金筹集的成本低于采用债务筹集资金的成本的结果是不存在的。即使发行股票进行筹资的成本比通过债务筹集资金的成本低，那也是短期内的表现。由于西方相关理论一个研究前提是认为经理人和股东的利益目标函数是一致的，经理人所做的决策是站在股东的角度，没有考虑在股东不完全掌握公司信息而经理人比股东掌握更多公司内部信息，并假设经理人被动地接受股东的内部控制的条件下，让经理人按照股东的意愿选择筹资方式是很难实现的。

在实务中，经理往往具有主动应对企业外部和内部的各种管控机制，并不是被动应对股东的监督与激励机制，这就使传统公司治理中激励机制和内部控制监督的最终效果很难达到最初制度设计的目标：经理人为稳固自身职位，减少离职威胁所带来的压力，必然在自身控制权范围内选择有利于维护自身职位稳固的行为决策，而这些行为决策可能对股东并非有利。体现在筹资方式选择上，就是当股东期望选择债务筹资方式时经理人却选择有利于自身利益的权益筹资方式，这些基于职位稳固的行为可能会降低公司绩效最终损害股东利益，因此研究企业融资选择问题不能将经理人的因素排除在外，要充分考虑经理人在面对公司治理机制时主动应对的现实情况。或许正如 Myers（2001）所认为的那样，资本结构没有一个普遍的理论，每种理论结论都是在特定前提下的结论，都是在满足这些基本前提的条件下才具有合理性和正确性；由于每一种理论的前提可能不完全一致，因此所得出的结论只在某种程度上才具有合理性，这使得不同资本结构理论得出的融资选择方式不同。因此，在面对我国具体的融资实践和背景时，研究我国企业融资决策选择和资本结构问题时，国外的相关理论只能作为理论参考和分析背景，任何一种理论也不能完全解释我国企业的融资实践，这也需要我们从处于经济转轨时期的中国企业背景下，在对现有资本结构理论发展的基础之上，寻找一种新的理论视角来解释和指导我国企业融资实践。

二 研究的理论意义及现实意义

经理在公司治理结构中有重要特殊的地位，公司内部治理的核心对象是经理行为合理化，因此，对经理管理防御如何影响公司融资选择及资本结构调整问题的研究具有一定的理论和现实意义。

（一）理论意义

尽管国内学者的相关研究普遍认同我国企业存在股权融资偏好，并围绕我国上市公司股权融资偏好这个问题作了大量的理论和实证研究，并取得了许多重要成果。但是，由于研究思路和研究方法上的缺陷，现有的研究还存在着许多不足。从研究思路上来看，一方面，许多研究从宏观角度来研究企业融资问题，没有从微观主体的企业层面尤其是作为企业重要影响人的经理层面考虑问题，这样研究往往集中在融资体制的讨论，因此对微观层面的企业融资方式选择问题缺乏指导意义；另一方面，一些从微观层面进行的研究把上市公司融资偏好的原因简单地归结于股权融资成本低于债券融资成本，往往把西方传统的资本结构理论和融资选择理论视为标准，没有考虑我国经济转轨特征以及我国上市公司自身的治理特征。另外，以往的研究方法大多以计量分析为主，缺乏理论模型和具有理论依据的实证检验。由于计量方法一般提供的是相关关系，而不是因果关系，因此这些研究提供的结论往往并不可靠，部分研究的结论难免片面化，所提出的政策建议难免缺乏指导意义。因此，研究公司融资决策和资本结构选择问题需要从新的角度去寻找影响我国上市公司融资决策的其他重要因素。近年来，随着行为金融学和行为经济学的兴起，越来越多的学者开始关人的心理动机与行为结果的因果关系，心理学等相关学科的最新研究成果不断地被吸收到财务理论的研究中，开始关注经理人的心理意愿、心理动机对于公司财务决策的影响。现实中，为了避免被撤换，为了降低离职威胁所带来的现有福利损失和可能出现的转换工作成本，经理会利用自身对公司的影响力和控制力对公司财务政策的选择进行影响，从而促成股东和董事会对企业融资决策做出有利于自身职位稳固的财务决策的管理防御行为，达到固守职位的目的。因此，从经理管理防御的视角研究经理人基于降低职位威胁的行为动机对公司财务政策尤其是融资政策和资本结构选择政策有重要的现实意义。本书也是在这一背景下，基于我国转型期的特殊制度背景和上市公司内部治理环境，揭示经理管理防御对公司融资决策及资本结构选择有什么样的影响。本书的理论意义在于：

第一，从经理管理防御的新视角研究公司融资决策和资本结构选择，有助于拓宽公司融资理论的研究视野、丰富资本结构选择理论和融资决策理论的研究成果。从80年代中期开始，主流资本结构理论的发展出现了相对停滞不前，一个主要的原因是信息不对称理论在研究进展上缓慢。Harris 和 Raviv（1991）曾经指出："信息不对称的研究方法已经不能对资本结构理论提供新的发展动力。"另一个原因是以前的资本结构理论研究中隐含着公司经理被动治理这一前提，忽视了经理在于自身私利和职位安全考虑而在公司治理中具有主动应对的管理防御行为；自20世纪80年代以来，公司控制权市场与资本结构的关系研究逐渐成为资本结构研究的重要内容，财务学者开始将目光转向控制权市场相关的研究。再加之行为经济学的迅速发展，人们开始更多地关注人的行为动机对公司财务政策选择的影响，行为经济学还是与财务研究相结合。因此，作为现代公司重要控制人和重要决策者的经理人，其行为动机对公司融资决策和资本结构选择必然会产生重要影响，研究企业资本结构选择和融资决策问题不能离开经理人而单独进行。在此基础上研究企业融资决策和资本结构选择问题，在理论上有助于拓宽研究视野。

第二，结合我国企业的融资实践和公司治理实践，揭示经理管理防御理论框架下经理财务行为策略和影响因素，尤其是经理管理防御对融资决策和资本结构调整的作用机理，进一步研究经理管理防御与企业融资决策及资本结构选择之间存在的联系，系统阐述我国企业经理管理防御行为对企业融资决策和资本结构调整影响的深层次原因，有助于降低因经理管理防御带来的控制成本和代理成本，从而深化公司治理理论研究。

（二）现实意义

本书从管理防御视角为解释我国上市公司的融资行为，为企业采用更为合理的筹资方式提供一定的依据，对公司的资本运营、资本结构优化和公司治理结构的改善和治理水平的提高提供有益的帮助。另外，也可为我国相关监管部门制定相应监管政策、促进资本市场健康有序发展提供政策建议，也有助于激励银行采取措施加强贷款资金管理，充分发挥债务资本的治理效应，有效保护相关者利益。

第二节 研究思路和研究理论框架

一 研究思路

本书在阐明研究背景和研究目标的基础上，主要基于经理管理防御角度进行研究，研究的主线是经理的防御行为对企业筹资渠道的选择、企业资本结构的路径选择和调整速度的影响，研究的主要思路是考虑我国目前的制度背景和融资实践，对我国经理管理防御的行为动因和影响因素进行详细论证和分析，通过它们之间的逻辑关系建立相关理论模型，提出待检验假设，并选择我国上市公司为研究样本对其假设进行实证检验，在研究过程中采用不同指标进行稳健性检验，以确保实证检验结果的稳健性和可靠性。

二 研究理论框架

本书研究理论框架如图 1－1 所示。

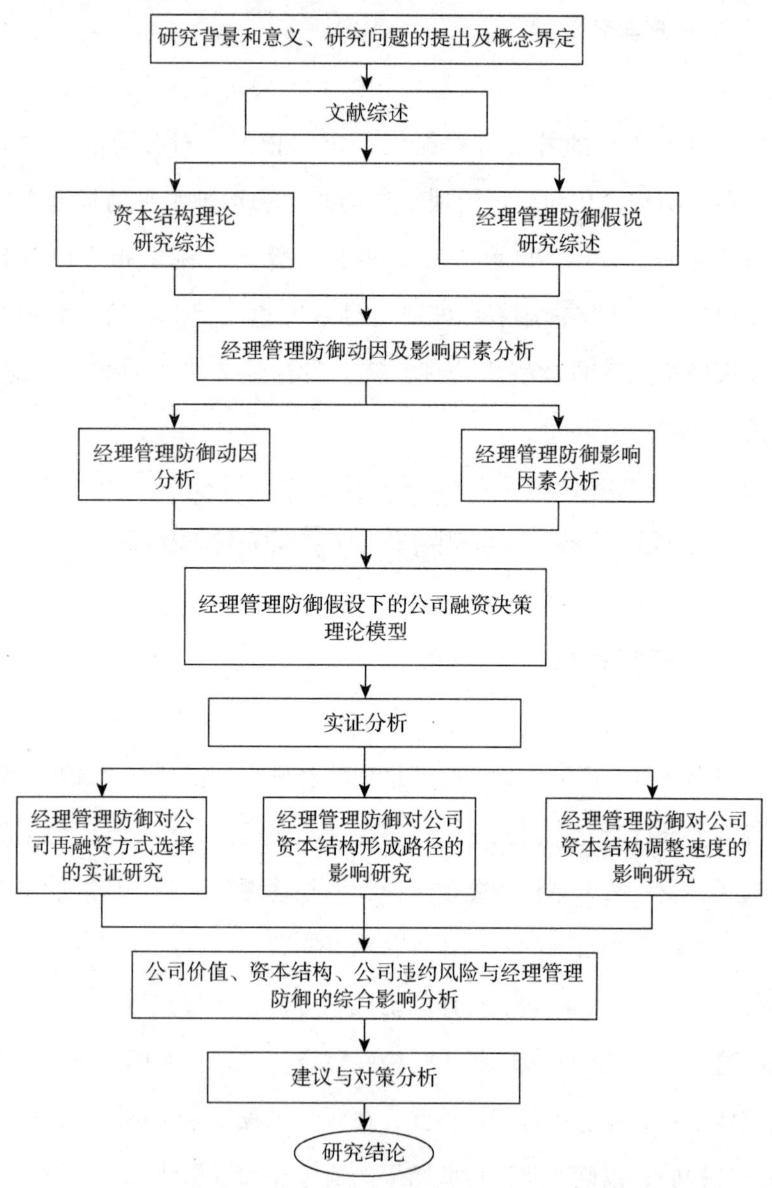

图1－1　本书研究理论框架

第三节　概念界定和研究范围及方法

一　概念界定

（一）管理防御

在传统代理理论提出对经理人赋予一定的股权可使双方目标趋于一致的利益趋同假说后，有学者对此提出质疑，并认为当经理的所有权超过某一比例后，经理人并非被动地接受股东的激励和监督约束，具有主动应对公司内外部控制机制的行为动机，使传统公司治理中激励机制和内部控制监督的最终效果很难达到最初制度设计的目标，经理人为稳固自身职位，减少离职威胁所带来的压力，必然在自身控制权范围内选择有利于维护职位稳固的行为决策，使公司治理无法有效地对不称职的经理人做出惩罚，从而产生壁垒或防御效应，用名词“Managerial Entrenchment”来表示。随着越来越多的学者关注公司治理中壁垒或防御现象，国内学者对其的翻译和含义表述也不尽相同，有定义为“管理防御”（沈艺峰等，2004；刘星等，2004；袁春生等，2006）、“壕沟防御”、“管理者壁垒”（肖作平，2005）的，有定义为“职位固守”（胡国柳等，2006）的。本书则选择“管理防御”这一表述。西方学者对其描述和定义基本上以 Berge 等（1997）定义为管理防御的主要内涵，即经理不受公司治理和控制约束的状态。但国外对于管理防御问题的研究是基于外部反并购、反接管措施，也就是对公司有重要影响和控制力的经理人如何直接或间接地使用机制和措施尽可能增加潜在对手进入的收购和接管成本，使接管和收购难以成功。因此，国外有关管理防御的研究只集中在外部控制方面，这与其环境制度背景有很大的关系。欧美发达国家因其资本市场较为成熟，公司之间兼并收购活动频繁，职业经理人市场完善，使得外部控制机制能更有效地发挥作用，因此经理人进行管理防御的行为和方式主要集中在如何采用有效措施抵御并购接管的发生，从而避免自身职位的变更。而我国由于制度背景和市场机制的完善程度和国外有很大的差异，公司治理机制中的内部控制机制对经理人的监督约束作用可能比外部控制机制发挥的作用更大，因此经理人降低离职威胁压力的应对措施主要体现在如何有效应对内部公司治理机制方面。随着现代公司不断深入发展，经理的权限和对公司的控制能力不断加强，对公司的经营决策产生越来越大的影响，在公司中的核心地位作用不断加强，更容易选择实施维护自身职位安全的行为措施，使原本的代理问题变得更为严重。因此本书所采用的管理防御（Managerial Entrenchment）概念要比“Managerial Defense”的范围更加广泛一些，即经理管理防御是指经理在公司内、外部控制机制下，其职业生涯中会面临被解雇、企业破产、被接管等所带来的威胁与压力，经理人在这些压力下有动机选择一切有利于自身职位稳固的管理决策并努力追求自身效用最大化的行为或策略。

（二）经理

本书讨论的主要对象是在公司经营决策中有重要影响的经理人，因此本书中的经理或经理人是一个广义概念，经理具体来讲是一个职位称呼，是公司组织架构中具有规定工作权限和工作职责的人的称呼。对照职权范围和国外的公司首席执行官、总经理、最高执行长等，我国一般称为总经理。本书主要研究对公司经营决策尤其是对公司财务行为决策有重要影响并处于公司核心地位的重要影响人，其地位相当于我国公司的总经理，在没有特别说明的情况下，本书中的经理人、经理、总经理的含义是一样的，具体在实证研究中指的是公司的总经理。

（三）资本结构

资本结构是指公司各种资本的构成及比例关系。一个公司的资本结构既可以用绝对金额来反映，也可以用相对的比例来反映。在实务中，资本结构的内涵有广义和狭义的区别。狭义的资本结构主要指长期资本结构，而将短期债务资本从整个债务资本中剔除，当做营运资本的组成部分。衡量狭义资本结构的指标主要有长期负债比率、股东权益比率等。广义资本结构是所有债务与股权融资的综合，也就是指公司全部资本的构成，衡量广义资本结构的指标主要有资产负债率、负债权益比率等。由于研究的目的和环境不同，对资本结构范畴的选择也有所不同，本书的研究是以广义资本结构为基础进行的，主要是基于公司中普遍存在着短期资金长期使用的现象，这使得短期资本是作为营运资本在发挥作用，同时也是各方博弈的结果，是影响公司资本成本、治理结构的重要因素；其次是由于各种对外评价指标中对于负债的计量大多以长期负债和短期负债总和来表示。因此，关于资本结构的范畴，本书采用广义资本结构概念。

（四）最优资本结构与目标资本结构

最优资本结构的概念是静态平衡理论的主要概念，认为公司有“最优资本结构”，并认为这是债务融资带来的收益与付出的成本相互平衡的结果。最优资本结构包括两方面的含义：第一方面指次优资本结构，第二方面指企业最理想、最想达到的资本结构。理想的最优资本结构目标几乎很难实现，企业在大多数情况下都是偏离理想的最优资本结构。因此，从这个角度看，企业的最优资本结构应该是某一个具体的比率，是一个理想状态。而目标资本结构的含义和最优资本结构的含义基本一致，只是体现的角度不同，在动态资本结构的研究中，大多数将最优资本结构表述为目标资本结构，认为目标资本结构是更加接近最优资本结构的资本结构，选择目标资本结构的表述更能体现公司随着时间以及公司内外部环境变化而不断调整公司实际资本结构，向最优资本结构动态变化的过程。本书对于最优资本结构和目标资本结构的表述也遵从这一观点。

二　研究方法及研究范围

本书综合运用公司治理理论、行为经济学和心理学相关知识，分析论证了经理人在面对离职威胁时如何影响公司融资决策和资本结构选择。在研究过程中，采用规范分析与实证研究、定性分析和定量分析相结合的研究方法。通过规范分析和定性分析方法，主要梳理了相关研究文献、分析了研究对象之间的内在影响的逻辑关系，建立了相关分析模型；实证分析方法主要为描述性统计分析、相关分析、结构方程模型分析、均值差异显著性检验以及多元回归分析；此外本书还采用比较分析方法分析了经理管理防御对两种类型上市公司资本结构调整影响的差异性。

公司治理机制是包括内部机制和外部机制的一系列制度安排，不同机制的治理作用和侧重点各不相同。由于公司内部机制主要是经理人的决策尽可能与股东的利益目标趋于一致，其目的是最大限度地降低代理人可能带来的逆向选择和道德风险，提高公司经营效率。能否有效地对业绩低劣的经理人做出惩罚，并对不称职的经理人进行顺利更换是公司内部治理机制是否有效的重要体现，上市公司能否有效积极约束和惩戒不称职的经理人是公司内部治理有效的必要条件。而外部控制机制是来源于公司外部环境压力对经理人的监督和约束，主要有外部收购与兼并所引起的公司管理层更换、公司破产所带来的接管以及产品市场所带来的竞争约束。从效果上看，外部控制机制相对于内部控制机制对能力低劣的经理人更换更为高效，但我国特殊制度背景和外部市场条件使得外部控制机制发挥的作用有限，有些外部机制作用几乎难以实施。因此，我国企业尤其是上市公司的经理撤换实际上掌握在内部人及其利益相关者手中，内部治理机制发挥的作用更大，在没有建立起完善有效的外部市场监督机制前，内部治理机制比外部治理机制能更有效地更换不称职的经理人，经理人基于内部控制机制形成管理防御的动机就更强，产生的问题也更加明显。所以，本书在研究企业筹资方式和资本结构的调整问题时，是基于企业的内部治理机制来研究，并没有分析企业的外部治理机制对其的影响。

第二章　国内外相关理论文献综述

为了较好地探寻公司融资决策和资本结构理论的演变轨迹，结合本书研究视角和研究内容，本部分主要是对已有相关研究成果进行回顾和总结，通过梳理资本结构相关理论的研究结论，详细对经理管理防御相关研究成果进行述评；在归纳和总结上述理论研究的基础上，主要对经理管理防御影响公司融资决策和资本结构选择的相关理论结论进行述评。

第一节　资本结构研究的文献回顾

一　西方资本结构理论演进

资本结构理论是指关于公司融资方式的选择以及是否存在使公司价值最大化的资本比例关系的理论。资本结构问题不仅决定着公司剩余索取权的分配，同时也决定着公司控制权的安排。资本结构问题的研究由来已久，不同的发展阶段研究结论各不相同。回顾其发展过程，西方资本结构相关理论大致分为三个阶段：早期资本结构理论、现代资本结构理论和新资本结构理论。

（一）早期资本结构理论

最早的理论叫古典资本结构理论，主要指MM理论提出之前有关研究资本结构与公司价值相关的理论，主要是对资本结构从经验角度进行的一些说明和描述，得出的结论也带有经验判断性质，没有经过严密的逻辑推理和理论证明，研究者主要是公司的财务人员，没有形成统一的理论体系和理论分析框架，因此一直没有进入主流经济学的研究视野。西方学者 David Durand（1952）认为早期的理论包括净收益理论、净经营收益理论以及传统理论。

净收益理论：该理论的观点是债务可以抵税，公司资本结构中债务资本比重越大公司价值越大，所以公司的最优资本来源应全部采用债务资金。该理论结论可以总结为两点：一是公司加权平均资本成本与资本结构中债务资本的比重负相关；二是公司价值与债务资本的比例负相关，也就是当公司的资本来源全部采用债务资本时公司价值最大。该理论假设投资者能以固定利率获取全部所需的债务资本，也就是公司进行债务融资时，利率保持不变，而且投资者对未来的期望投资收益率不变。由于该理论假设进行债务融资时，利率保持不变，因此，和现实中随着债务比重增大，利率会随之升高的实际情况不相符合，导致该理论在实践中难以实施。

净经营收益理论：认为公司的各种资本比例关系不影响公司的最终价值。所以，实务中并不存在最优的资本结构。换句话说，公司资本中债务资本所占的比重变动不会影响公司最终价值变动。该理论假设公司进行债务融资时，利率保持不变，而发行股票进行筹资时的成本是变动的。该理论克服了净收益理论的缺陷，值得借鉴的是考虑了随着债务资本的提高，公司的财务风险会增大，但又对增大的财务风险考虑不客观，而且该理论未能对其结论进行严格的数学证明，同时，对负债融资的资本成本不会随财务杠杆的变化而变化的假设也值得商榷，该理论的结论让实务中的资本结构研究失去价值。

传统理论：其观点是各类资本成本都会受企业资本结构的影响，一定程度上负债并不会导致企业财务风险上升。这种理论相对于净经营收益和净收益理论而言比较折中。不同的资本类型的比重变化时可能会引起资本成本的变动，但不同的资本比重的变动所引起的资本成本变动幅度不同。当股权融资的比重增大所引起的资本成本增大无法弥补由于债务资本所带来的税盾效应时，增加公司的债务资本比例有助于降低公司加权资本成本，增大公司最终价值。当债务资本的比重提高到一定值时，债务资本所带来的税盾效应不足以弥补股权资本所带来的负面影响，就会使得综合资本成本上升，从而使得企业价值降低。所以，负债的资本成本从理论上会导致公司价值出现先升后降的现象，公司存在最优资本结构。

虽然上述理论最终的分析结果有所差异，所有的研究都是一种经验和逻辑判断，缺乏严密的实证检验，但这些研究对与后续资本结构相关的研究有重要参考价值。

（二）现代资本结构理论

MM 理论是现代资本结构理论的标志，在此基础上产生了众多对企业实践具有指导意义的理论。由 1958 年，Modigliani 和 Miller 提出了 MM 理论，也就是说，在完美的资本市场上，公司各种资本来源方式在总资本中的比重构成与公司的市场价值大小没有直接关系，公司价值的大小与考虑风险的资本化的预期收益有关。该理论得出三个主要结论：一是有税盾效应的公司的价值和无税盾效应的公司的价值相同；二是股东的期望收益率随公司债务资本比重的增加而升高，也就是说股东的期望收益率与公司债务资本的比重正相关；三是公司是否投资与采取何种筹资方式无关。MM 理论相对于早期资本结构理论最大的进步在于，它的理论结论是在严格的逻辑证明推理的条件下产生的，并非是由经验判断和统计描述而得出，这为以后的研究提供了新的方法和思路，在此基础上发展形成修正的 MM 理论、Miller 模型、破产成本理论和权衡理论。

修正的 MM 理论。尽管 MM 定理是在严格的逻辑证明推导条件下产生的，但其完美市场假设无法和现实条件相统一，使其资本结构与公司价值无关的理论结论在实践中不断受到质疑，对 MM 理论的批评和争论层出不穷，主要是针对 MM 理论的假设条件，认为它没有实践意义。为了解释理论与现实不符的现象，Modigliani 和 Miller 将所得税因素加入模型分析中，对原 MM 理论进行了重新推导证明，得出在考虑所得税的情况下，由于债务资本的利息可在公司税前列支，因此，由于债务资本的税盾效应，公司债务资本比重的提高会引起公司价值增大，而股息是在公司所得税后支付，无法享受到税收好处，负债公司的价值会大于没有负债公司的价值，债务资本的比重越大，公司的价值就越大，该理论没有考虑由于债务资本的增加可能会引起公司财务风险增大，并使债务资本的利率上升，可以看出实务与理论结果并不一致。

Miller 模型。Miller 于 1977 年在 MM 理论的基础上，加入企业所得税和个人所得税因素，研究发现债务资本的增加所产生的税盾效应会被所得税抵消，公司价值并没有随着资本结构中债务资本的增加而增加，因此，债务资本的增加所引起的税盾效应对公司价值的增加不是无限的。在 Miller 模型中，如果公司所得税和个人所得税为零，该模型和 MM 理论完全一致；如果股票收益所得税与债券收益所得税为零，该模型和修正的 MM 理论相同。可见，Miller 模型是 MM 理论的进一步延伸与发展。

破产成本理论。该理论由 Stiglitz 等提出，主要将公司破产成本因素引入 MM 理论中来研究公司最优资本结构是如何决定的。该理论认为，公司对债权人能否提供让其信服的足额权益资本保证是公司能否取得足够多的债务类筹资的前提条件。所以，公司都有一个最高的负债类资本的最高水平，这个债务水平是债权人能接受的上限，一旦公司的债务资本比例大于这个上限，债权人将会提高债务资本的利率水平，从而使公司的总资本成本上升，公司财务风险就会增加，公司破产的可能性升高，引起公司价值下降。破产成本理论只是从理论逻辑上说明了破产成本会对公司资本结构产生影响，并没有给出相关的实证检验证据。

权衡理论。修正的 MM 理论只考虑了债务资本的税盾效应，没有考虑债务资本带来的公司破产风险，随后的学者进一步考虑了公司破产风险的影响，提出了权衡理论。其观点是，由于抵税效应，负债确实会带来价值的上升，但是当债务进一步增加时，也会带来财务的危机，这种危机可能会完全抵销债务资本增加所带来的税盾效应，最终导致破产。所以，基于此种理论，企业最优资本结构就是在债务资本所带来的节税效应和债务资本增加所引起的财务危机之间的权衡，主要的贡献是将均衡的概念引入模型研究中，从而在数理逻辑上提供了模型最优解，这为后续研究提供了很好的经验。

通过以上分析可知，现代资本结构理论的核心是研究资本结构与企业价值的关系，是否有最优资本结构，哪种类型的资本对公司价值的增值有利，以及公司应该采用哪种方式来确定最优资本结构；分析方法主要通过严密的逻辑模型证明，主流的、科学的研究方法被使用到研究中，改变了以往依靠经验判断和统计描述的研究缺陷，使结论产生的过程更科学、更规范。但是由于基本前提和实务不相符，所以研究结论在实务中几乎没有解释力，相关样本公司很难找到，无法进行适用性的检验。

（三）新资本结构理论

在20世纪70年代后，产生了新资本结构理论，相对于以前的研究最大的特点是认为公司在融资决策和资本结构形成的过程中信息并不对称。相较于投资者而言，管理者拥有更多的私人信息，改变了以往以债务资本分析抵税效应和财务危机的思路，从公司治理的角度研究资本结构，所以其结果和实务的联系也更加紧密，速度也更快。该研究的重点是如何通过资本结构的选择有效提升企业治理水平，从而提升企业价值，促进资本结构的研究向前推进一大步。

代理理论。Jensen 和 Meckling 在1976年研究发现公司中股东与经理人、债权人与股东之间的冲突是公司治理中的主要问题。代理理论是由于冲突关系，在产权理论、代理理论和现代企业理论的最新发展成果基础上，来研究和说明当外部投资者和内部管理者由于信息的不对称而影响资本结构的选择。基于代理理论，经理和股东由于目标函数不一致使得经理人完全按照股东的意愿进行决策是很困难的。为了避免经理出现损害或是偏离股东利益的行为，降低股东和经理人之间的矛盾，必须对经理进行适当的监督和激励，这些激励和监督的成本甚至包括经理人行为偏离所造成的股东损失称为代理成本。由于冲突引起代理成本，从而引起公司价值的降低。

同样，股东和债权人之间也会产生代理成本。由于债权人的收益来自固定的利息收入，当公司债务资本比例较高时，股东偏好选择风险高的项目进行投资，因为一旦项目成功，项目获得的收益大部分归股东所有；而项目失败，则债权人将承担主要风险，这使得债权人在公司债务资金比例提高时就会预期到股东可能采取的投资策略，从而要求更高的利息水平，产生代理成本。基于代理理论，代理成本影响企业价值，最优的资本结构是使得代理成本达到最小时的资本结构，资本结构决策的标准也就是怎么样减少代理成本。

信号传递理论。1977 年 Ross 在 MM 模型中加入不完全信息影响，修正了 MM 模型之后形成信号传递理论。即，实务中普遍存在信息不对称现象，公司经理人拥有公司未来收益和风险的第一手真实信息，而外部投资者掌握的信息永远没有经理人全面。因此，经理人会通过不同的行为向外界传递不同价值的信号，以达到自己的目的，表明或暗示企业的价值，而投资者就依据这些信号传递行为来对公司价值做出判断和决策。公司的资本结构就是向外界释放信号的工具，不同的关于公司价值的信息会通过不同的资本结构反映出来，对公司内部经理人而言，经理人会根据自己的偏好和目的，通过对资本结构的调整来向外部投资者传达表明公司价值的某种信号。这种信号传递通常采用两种方法：一是提高公司资本中债务资本的比重，二是提高或降低公司管理层的持股比重。公司选择债务筹资方式就是向外界传递公司未来盈利能力和投资机会向好的信号，因此，一旦公司选择债务融资行为将会引起股价上升；而发行新股进行资金筹集则是公司将老股东的风险向新股东转移的信号，从而造成外部投资者对公司负面信息的估计，表现在资本市场上就是公司股价下跌。

啄序理论。1984 年 Myers 和 Majluf 进一步研究了信息不对称的情况，在吸收前期代理理论、信号传递理论的相关成果的基础上提出了啄序理论。也就是外部的投资者和企业经理掌握不同程度的信息，公司内部管理者对公司的实际情况更加清楚，尤其是收益和风险的相关信息投资者不能完全了解，只能通过观察经理人的行为分析和判断实际情况并作出是否投资的决策，即使公司的项目非常好，如果经理人选择发行股票进行筹资，也会被认为是公司资金出现问题，股东在转嫁风险。选择发行股票筹资传递的是不利信号，会降低股价。所以，为避免股价下跌和原股东的股权被稀释，公司在选择筹资方式时应优先选择内部留存满足资金需求，当投资项目所需资金远远大于公司内部留存时，对外发行公司债券将是优先选择的外部筹资方式，这种选择的好处是可以获取税盾效应，并且对外部投资者传递出公司未来发展向好的信号，进而引起股价上升；企业发行股票的前提是其内部留存和负债均无法满足资金需求。按照啄序理论观点，公司在进行筹资方式选择时先采用内部筹资，其次选择债务筹资，最后才选择发行股票进行筹资。

控制权理论。20 世纪 80 年代开始，在现代公司的发展实践中，公司兼并、收购等活动大量发生，众多学者开始研究资本结构和控制权市场的关系。发现不同资本结构的组成在反映不同筹资方式的同时，也反映了不同的控制权的选择问题，这也体现了股东和债权人对公司控制权形成的影响。Williamson（1988）认为，企业的债务和权益是互相可以代替的控制和治理机制，忽视它们所附带的投票权和控制权，就不可能真正理解公司的资本结构。Aghion 和 Bolton（1992）分析了公司选择负债或股权融资的原因，认为由于管理层和外部投资者的目标函数不一致，使得契约双方通过规定程序确定剩余控制权就尤为必要。当公司发行股票筹资时，公司的控制权由股东拥有；当公司选择债务筹资并预期能按合同约定履行义务时，公司管理层拥有公司控制权；当公司无法按合同约定履行义务时，企业的债权人拥有控制权。Israel（1991）发现，当接管发生时，负债数量越多，收购方支付的价格就越高，收购方股东的收益份额就越少，但负债的增加会使目标企业股东权益增加，因此负债增加会降低企业被接管的可能性。总之，资本结构不仅影响企业收入流的分配，也会影响企业的控制权的分配，也是公司控制权在公司相关利益者之间分配的表现。企业在破产时，可以利用债务契约实现使债权人替代股东掌握公司控制权。所以，筹资选择不仅是资金来源问题，更重要的是决定公司控制权在管理层和相关利益者之间分配的问题。

二　资本结构影响因素研究综述

众多学者基于西方资本结构相关理论研究的结果，研究了资本结构的影响因素。本书在评述时从微观和宏观两个层面展开。

（一）宏观因素的影响

公司的融资决策不仅要考虑微观经济特征的技术约束，也要考虑宏观经济的市场约束，其中国别因素和宏观经济形势是必须关注的重要因素。

由于体制文化和历史发展等条件的不同，不同国家公司的资本结构有着显著的不同，国别因素是决定资本结构的一个重要因素。Kester（1986）在发现日本公司在选择债务筹资方式时和美国公司有所不同，更倾向于选择债务资本进行筹资，美国的财务杠杆率明显低于日本公司。Rajan 和 Zingales（1995）的研究发现，德国公司和英国公司的债务资本相对较低，其他国家公司债务资本比重无多大差别。Booth 等（2001）发现发达国家的企业，其长期负债的比重比发展中国家的企业高很多，而且就资本结构的影响因素而言，国别制度和财务因素一样重要。Jong 等（2008）认为，国家因素直接或间接影响资本结构，在间接影响时主要是通过企业基本的特征产生影响。

考虑宏观因素对企业资本结构的影响主要是通过研究经济周期和经济发达程度来进行的。Kiyotaki 和 Moore（1997）通过分析资产负债表与经济衰退之间的关系发现，资本结构随着经济周期的变化而变化。Levy（2001）发现处于衰退期的负债公司的经理人其财富比股票持有者减少得更快，只有当公司股票收益率较低或公司利润水平较低时，经理人才会选择债务资本筹资方式。Deangelo 和 Masulis（2002）的研究从理论上说明了公司债务比例的升高可能是通货膨胀导致，认为公司债务资本的实际资本成本会因为通货膨胀产生的资金贬值而降低，通货膨胀率比较低时，发行债券进行筹资要比发行股票进行筹资所取得的收益高。Korajczyk 和 Levy（2003）也在研究企业自身特征和宏观经济状况对资本结构的影响时发现，宏观经济状况能解释财务杠杆 12%—51% 的时间序列变化，无财务约束的公司能够将股权融资时机与有利的宏观经济形势相结合，而财务有约束的公司则不成，这为宏观经济状况影响资本结构的选择提供了证据。Levy 等（2007）发现当经济紧缩时，为维持其权益，管理者更加喜欢债务融资，但在经济扩张时则相反。Bokpin（2009）以转型经济国家为样本进行研究发现，银行部门的发展与长期负债正相关，内部融资被经常性地使用于经济处于通货膨胀阶段。Sett 和 Sarkhel（2010）发现股票市场越成熟的国家公司资本结构中债务资本的比重越大，而银行部门越发达的国家其债务资本的比重越小。

国内相关研究的文献较少，比较有代表性的研究结论：认为宏观因素的通货膨胀率和微观因素的企业实际利率会显著影响资本结构，但是货币增长率和国民生产总值的增长率不会明显影响资本结构（蔡楠等，2003）；股票市场活跃程度是农业上市公司资本结构的主要影响因素，而通货膨胀率和负债利率的大小影响不显著（姚琼，2004）；资本结构选择优化和宏观经济要素之间的关系并不是一成不变，它们之间存在着动态调整关系，资本结构会随着前一年的国内生产总值的增长比例上升而提高，随着财政支出增长率、通货膨胀率和实际贷款利率上升而下降；经济周期与资本结构反向变动，当经济处于繁荣阶段，债务资本的比重会出现减小，而经济处于衰退阶段时，债务资本的比重会增大。

（二）行业特征因素

Scott 等（1975）发现由于不同的行业有不同的风险、资产结构、产品结构以及外部环境，其对资本结构的选择影响也不同；Myers（1984）发现由于行业差异使得社会平均债务水平在不同的行业之间会表现不同；Jarrel 和 Kim（1984）认为，相比较处于不同行业的企业而言，处于相同行业企业的资本结构表现出更多的相似性，行业因素能够说明 54% 的相似性，即使控制管制行业变量，实证结果仍然能够解释资本结构相似性的 25%，行业间财务杠杆比率的方差大于行业内公司财务杠杆比率的方差。国内学者的相关研究大多数也认为行业特征是影响公司资本结构的一个重要因素（童光荣等，2005；黄辉等，2006；姜付秀等，2008；徐莎，2010）。

（三）公司自身特征因素

1. 盈利能力

按照啄序理论的结论，当公司的盈利能力较强时，公司债务资本的比重较低，债务资本比重随着公司盈利能力提高而降低，是因为盈利能力强的公司会优先选择内部筹资方式，当内部留存能满足投资项目的资金需要时，公司很少选择外部资金来实施投资项目（Myers S. C.，1984）；Kester 等（1986）发现资本结构与公司盈利能力显著负相关，并且对不同替代变量研究结果都具有稳健性。其他如 Titman 和 Wessels（1988）、Ozkan（2001）的研究和上述研究结论相差不大，认为公司盈利能力越强的公司，其资本结构中债务资本的比例越低。

在国内，洪锡熙和沈艺峰（2000）以 ROE/主营业务收入来度量公司的盈利能力，发现公司盈利能力越强的公司其债务资本的比例越低；陈维云等（2002）、苏冬蔚等（2009）在评价企业盈利能力时使用总资产报酬率，也取得了类似的结论。

2. 公司规模

不同学者基于不同的资本结构理论，研究企业规模与融资方式和资本结构影响时，得出的结论不一致，甚至是相反的。Fama 等（1995）从代理理论的角度出发研究发现规模较大的企业可以以低成本向债权人提供信息，监督成本较小时，可以提高企业的借贷水平，其资本结构中债务资本的比重也越高；随后，有许多学者采用不同的公司规模度量变量都得出了相似的结论（Ozkan A.，2001；Bevan A.，2002）。但也有学者得出了相反的结论，认为规模越大的公司，股东和债权人对公司的真实情况了解程度不同，规模越大债权人对公司的了解就越不完全，公司更愿意选择发行股票筹资，因此规模越大的公司其债务资本所占比例越低（Rajan，R.，1998）；也有学者研究发现两者之间没有相关关系或者有影响关系但统计上不显著（Kester Carl W.，1986；Bokpin G.，2009）。

关于此类研究，国内学者有着和国外学者基本相似的情况，也未取得统一结论。具体结论有正相关关系（洪锡熙等，2000；冯根福等，2000；陈维云等，2002；肖作平，2004；苏冬蔚等，2009）、负相关关系（王娟等，2002）和不显著相关三种（陆正飞等，1998）。总体来讲，认为公司规模越大的公司债务资本比重越大的研究占大多数。

3. 公司成长性

公司成长性也是公司自身特征的一个重要方面，但公司成长性是否影响公司资本结构的选择，相关研究结论相互矛盾。Myers（1977）发现债务资本的类型不一致对债务资本占总资本的比重影响不相同，公司成长性越强，则公司债务资本比重越低；Rajan 等（1995）在衡量企业成长性时，采用资产的市值与账面价值之比，发现成长性越高的公司，债务资本的比重越低；但 Titman 等（1988）则通过总资产增长率、资本支出/总资产以及研发费用/销售收入作为替代指标得出其与债务资本比重的大小无关的结论。

国内学者相关研究结论和国外学者基本相同。如王娟等（2002）、肖作平（2004）发现我国上市公司成长性越高，则债务资本的比重越低；而陆正飞等（1998）、冯根福等（2000）、洪锡熙等（2000）却发现公司成长性变动与债务资本的比重无明显关系；另外，陈维云等（2002）、苏冬蔚等（2009）的结论显示公司成长性越高，则公司债务资本的比重越高。

4. 非债务税盾

DeAngelo 和 Masulis（1980）研究发现，公司非债务避税较高的公司，其债务资本比重相对较低，因此公司债务资本比重较高的公司其非债务避税相对较低；Ozkan（2001）以折旧/总资产作为非债务避税的度量指标，其研究结论和 DeAngelo、Masulis 一致。而 Bradley（1984）的研究结论正好相反。Titman 等（1988）基于多个指标的研究方法，发现资本结构与非债务税盾效应并不相关。

在国内的研究中，冯根福等（2000）使用主成分分析方法发现非债务税盾越强的公司，其债务资本比重越低；王娟等（2002）、苏冬蔚等（2009）用折旧/总资产度量非债务税盾效应，发现非债务税盾效应越强的公司，其债务资本比重也越低；而肖作平（2004）并没有发现两者之间有明显的关系。

（四）公司治理因素

资本联合是现代企业的重要特征之一，企业决策的一个重要决策是筹资决策。现代企业的核心往往不是产品经营，而是资本经营，大多数情况下，企业并不会追求产值最大化，追求的是企业价值最大化。因此，一个合理的融资结构不仅有效地决定了其市场价值，更重要的是其影响着股东、债权人、管理者等相关利益者之间的契约关系，即影响公司治理结构。张维迎（2005）认为资本市场不完备和信息不对称使得公司筹资方式选择表现为治理结构问题。这一点体现在以下两个方面：一方面从公司成长的历史发展过程看，公司治理问题是伴随公司成长而出现的，筹资问题产生了，从而使公司经营权和所有权的分离，进一步形成了公司治理结构问题；另一方面，不同的筹资方式体现了控制权和现金流量权安排的差异性，不同资本结构体现了不同公司治理结构。因此，公司治理问题与公司筹资选择决策问题息息相关，双方互相影响。公司治理本质上是一种公司内部控制制度安排，而股权结构特征是制度安排的重要体现，其对公司资本结构的影响主要体现在股权集中度和经理人持股两个方面，本节主要从这两个方面阐述其对资本结构的影响。

1. 股权集中度

公司相当数量的股权集中在少数股东手中会引起公司治理两方面的效应，从而对资本结构也会产生不同的影响。一方面较高的股权集中度意味着监管更到位更有效，大股东将有动力监督经理人，他们通过拥有的投票权迫使经理人按照其意志行事，或者通过委托投票权之争和接管将经理人更换，经理人的自由决策权限会更小，因此，大股东的出现成为解决有效监督经理人和降低股东搭便车问题的重要途径。如果负债能够发挥约束经理人自利行为的治理作用，大股东就有动机扩大债务资本在公司中的比重，从这个意义上来说，公司的股权集中度越高，则公司债务资本的比重越大。Friend 等（1988）研究表明，大股东相对于经理更倾向多元化的投资组合，更倾向于追求更高的债务比例以发挥债务资本的治理效应，对风险的承受能力更强。Firth（1995）也发现股权集中度越高的公司，其债务资本的比重越大。Brailsford 等（2002）的研究表明股权越集中的公司，其公司债务资本的比重越高。另一方面，当股权集中度增大出现控股股东，则大股东决策控制权更大，大股东监督经理的积极性可能会降低，更有可能选派自己利益的代表出任经理或者和经理人合谋，侵害其他相关者利益，从而出现股权集中度越高反而公司负债率越低的现象。McConnell 和 Smith（1996）等的实证研究证明了这一点；Short 等（2002）以英国公司为研究样本的实证研究也提供了相似的经验支持。因此，无论股权集中是发挥监督作用还是合谋产生侵害作用，都表明了其会对资本结构产生影响。

国内的相关研究也出现了两种研究结果，既有支持股权集中影响资本结构的研究结论，如肖作平（2004）的研究支持其会对债务资本比重提高产生正向影响作用，曹廷求等（2004）、胡国柳等（2005）却支持其会降低公司债务资本比率，而王娟等（2002）的研究认为两者之间没有明显的影响关系。

2. 经理持股

国外有大量的文献研究企业业绩和经理持股的关系，发现经理持股水平有利于提高公司治理水平，这是因为现代公司治理的根本问题是由于股东和经理人的目标函数不一致，增加经理持股可以使经理的目标和股东的目标趋于一致，经理人就会有调整资本结构以使其达到最优的动力，同时也可以使经理人降低自身的自利行为。因此，经理持股比例的增加肯定会影响公司资本结构。以 Harris 和 Raviv（1988）以及 Stulz（1988）为代表的众多研究者认为，增强对公司控制权的经理人会倾向于提高公司债务资本的比例，因此经理持股水平与资本结构之间是同向变动的关系。Berger 等（1997）通过实证发现，经理会通过提高企业的债务比例来增强其控制权，发现随着经理持股比例的提高，公司债务资本的比例会上升；Amihud（1999）、Short 等（2002）都得出了类似的结论。上述研究的共同之处在于都认为提高经理持股比例是解决股东和经理人目标偏离的重要措施，它会使得经理和股东利益趋同，可以降低代理成本。但是 Morck 等（1988）研究却表明经理所有权变动与公司业绩之间的变动并非如人们认为的那样表现为线性关系，而是表现为非线性关系；公司托宾Q值变动与持股比例变动不是通常所认为的线性关系，在经理持股比例较低时表现为正相关关系，一旦经理持股比例超过某一水平，企业业绩便与之表现出负相关关系；这是由于，企业对经理的监督和约束机制随着经理持股比例的上升而下降，经理对公司的控制能力会在持股比例上升的过程中逐渐增强，经理会出现管理防御行为，这会引起公司价值降低。这使得众多学者开始转向管理防御对公司业绩、资本结构的影响等问题研究。尽管上述理论分析和实证研究中的结论不尽一致，但说明了经理持股是影响资本结构的一个重要因素，结论的相悖更反映了经理持股可能对公司资本结构影响具有混合性的特征，这也使我们认识到分析经理持股对资本结构的影响研究可能要结合经理的其他特征来考虑。有关管理防御如何影响公司资本结构的理论分析在下一节论述。

国内的相关研究结论也不尽相同，既有学者认为经理持股比例的增加会引起公司债务资本比例的上升（顾乃康等，2004），也有学者认为其结果正好相反（胡国柳等，2005），也有学者将经理人分别界定为董事长和总经理，发现前者是负相关关系而后者的关系不显著（曹廷求等，2004），还有学者认为存在负相关关系但统计上不显著（肖作平，2004）。

第二节　经理管理防御相关问题研究综述与评价

一　经理管理防御的提出及验证

最早的经理管理防御是一种假说，Berle 和 Means（1932）认为现代公司的所有权与控制权分离是现代公司的主要特征，在这种状态下，由于股权的分散，难以形成股东对经理强有力的监督，再加之股东之间形成的搭便车行为，使得经理被股东有效监督和约束的效果大大降低，从而形成经理对公司的超强控制，这是委托—代理理论产生的基础。随后现代企业理论的研究开始转移到基于委托—代理关系产生的委托—代理理论。Jensen 和 Meckling 在此基础上提出利益趋同假说，认为由于股权的分散和经理对公司的超强控制，使得公司内控机制难以有效发挥作用，经理被股东有效监督和约束的效果大大降低，而经理依靠其对公司的控制可能在自身控制权范围内选择有利于自身利益的行为决策，而这些行为决策可能对股东并非有利。因此，对经理赋予一定比例的股权有助于解决上述冲突，增加经理持股可以使经理的目标和股东的目标趋于一致，但也有研究者对此观点提出质疑。如 Fama 和 Jensen（1983）等认为尽管赋予经理股权可以使双方目标函数趋于一致，但经理持股比例的增加会减弱股东对其约束和监督，经理对公司的控制能力会由于持股比例的上升而增加，经理的自利行为将会更难约束，即使出现重大过错，股东都很难解聘经理。这些观点引发了人们对利益趋同假说的重新讨论，提出了管理防御假说。Stulz（1988）将经理的管理防御问题形式化于模型中分析，证明了企业价值和经理的持股比例之间存在着非线性的关系，也就是经理的控制权和所有权比例越大公司价值越低，并认为引起公司价值降低的原因是随着经理所有权与控制权越大，公司被外部收购的可能性会降低，从而使经理人不愿将精力用在经营管理上，经理努力工作的主动性和压力都会降低，从而引起公司价值下降。随后 Westphal（1999）进一步验证了经理持股比例过高时，有足够的控制能力保证自己在公司的地位而避免被撤换。

Morck 等（1988）研究认为经理所有权与公司业绩之间的变动关系并非如人们认为的那样表现为线性关系，而是表现为非线性关系，这种非线性变动表现在不同的区间变动方向不同，当经理持股比例处于5%以下时表现为正相关关系；而处于5%—25%时表现为负相关关系；处于超过25%区间时又表现为正相关关系。这种现象表明当经理持股份额上升时，企业价值表现出先上升然后下降再上升的状态，完全是一种“N”形的非线性关系。出现这种状态的原因是，当处于低于5%的阶段和超过25%的阶段时，赋予经理股权会使双方之间的利益目标趋于一致，这与 Jensen 和 Meckling 提出的利益趋同假说一致；当持股的份额在5%—25%的区间时，持股比例上升会使经理的控制能力不断增强，而股东对其约束和监督能力不断减弱，此时经理有能力追求自身权益而非公司价值最大化的行为不被股东发现，或者即使被发现，股东也很难有效地制约，从而造成公司价值减损。随后 McConnell 等（1990）以持股比例平方和、持股比例作为变量分别与公司价值变量进行的分析表明，经理持股比例越高的公司价值越大，而经理持股比例平方和越大的公司价值越低，因此认为企业价值与经理持股比例之间的关系表现为倒“U”形。Cho（1998）通过“格点搜索技术”确定了经理持股比例为7%和38%是两个重要的临界点，当经理持股比例在7%—38%时，经理持股比例与公司价值表现为负相关关系，这个比例区间也是美国公司的经理处于管理防御状态的阶段。随后 Cui 和 Mak（2002）则认为公司价值与持股比例之间表现为“W”形关系。Farinha（2003）以英国企业为研究对象，发现股利支付率与持股比例之间呈现出非线性的 U 形关系，当持股比例大于30%时，经理倾向于利用股利政策进行管理防御，还发现经理层可以通过影响员工持股计划和公司养老金计划等措施抵御股东和内部控制的约束。

以上的相关研究尽管也有结论支持经理持股有助于提升公司价值的观点，但是更多的结论表明经理控制权的增加会降低股东对经理人的控制，从而降低公司价值，这和管理防御问题的内在思想相同。

二　经理管理防御与公司融资决策和资本结构选择研究综述

在公司治理中，如何有效降低由于两权分离而产生的代理成本一直备受学者们关注，如何解决公司股东和经理人之间因为目标不同而形成的矛盾问题是理论研究的关键。基于代理理论，企业经理与其股东之间最终目标函数形成差异的主要原因是双方信息不对称，因此，可以通过制定一系列的激励制度并且加强公司的监事会的作用以促成双方目标一致，最终解决双方由于利益目标偏离产生的冲突问题。然而，自从对公司治理研究由西方国家的实践拓展到世界范围以来，传统代理理论不断受到质疑，研究者对所有权与经营权分离的适用性和公司治理理论的基础都产生了动摇。如从世界范围来看，一方面，股权分散的假设与现实不大相符，而股权集中或者股权相对集中反而是世界上大多数国家公司股权结构的普遍现象，尤其在我国上市公司实践中更为明显；另一方面，对经理的监督并非仅仅依赖于股东和内部监督机构，考虑到离职对其带来的不利因素和离职后重新找到就业岗位带来的成本，经理会积极地应对公司的监督，这肯定会使传统公司治理中激励机制和内部控制监督的最终效果很难达到最初制度设计的目标，经理为稳固自身职位，减少离职威胁所带来的压力，必然在自身控制权范围内选择有利于维护职位稳固的行为决策，而这些行为决策可能对股东产生影响。这使人们对传统的理论有了新的看法，也从新的方面去认识它们之间的问题。尤其从 Morck 等提出管理防御假说之后，人们发现股东和经理人目标函数相一致的研究前提假设已和现实不符，解决股东和经理之间冲突的问题必须将经理主动应对的因素考虑进来。随后 Novaes 等（1995）、Zweibel（1996）、Novaes（2000）等学者逐步将管理防御引入对公司财务决策的研究中，研究基本上是围绕经理人在内外部控制机制作用下如何选择有利于降低职位威胁的财务政策而展开的，主要是揭示具有管理防御动机的经理在投资、融资和股利分配决策时出现的各种防御行为及原因。根据本书研究内容和研究目的，本章只是对经理的管理防御对融资决策和资本形成结构选择相关文献进行回顾和述评。

（一）国外相关研究

国外有关经理管理防御理论的研究可以归纳为两方面：一方面是在现有的公司内部控制的监督和约束条件下经理人如何选择有利于自身利益最大化的财务行为来减少被解雇的可能性。具体到筹资方式和资本结构选择上，主要是研究经理选择对自己有利的筹资方式和主动地接受公司的内外部约束和监督。Jung 等（1996）经过研究得出当经理通过举债的方式融资是有利于公司发展时，而经理却因为自身原因选择增加实收资本去发行股票来筹资。Berger（1997）等将经理管理防御变量加入多元回归模型中发现公司董事会规模和股权集中度与公司债务资本比例有显著的相关关系，债务资本比重与公司董事会规模表现为负相关关系，而且公司股东较为分散，股东对公司的控制力较弱，这类公司出现突发性的事件后，债务资本比重会表现出明显提升。Chan 和 Victor W.（1999）认为，随着经理持股比例的上升，公司经理人对公司的控制就越强，公司经理人离职的风险就越低，愿意获得价值增值的剩余收益的期望就越大，更愿意利用债务资本避免剩余收益被稀释；比较而言，管理能力较低并且工作转换成本较高的经理由于对债务资本财务风险的敏感性很高，更愿意采取发行股票进行筹资从而达到防御的目的。Abe de Jong 和 Chris Veld（2001）以管理防御是否会影响公司投资水平为研究内容，发现具有防御动机的经理在投资选择上可能存在过度投资行为，投资项目的资金主要以使用权益融资为主，很少采用负债融资；Ayla Kayhan（2003）等探讨了公司杠杆率发生变化时对公司股票历史价格和投资及现金流的影响结果，发现了管理防御在公司资本结构决策中的作用。公司治理机制较弱的公司中，经理并不以股东利益目标来选择债务资本筹资进行决策。实证结果表明当公司股价处于高位时，经理仍然不会采用债务资本来满足投资项目对资金的需求，而是继续采用权益融资满足资金需求。Hao Wang（2011）研究发现，经理管理防御对公司原有违约风险也具有放大效应，相对于短期负债，经理更偏好长期负债；Catherine 等（2011）建立了一个管理防御债务模型，假设公司债务合同在不可重新谈判的情况下，模型分析的结果显示能力较低的经理为了降低被股东撤换的概率，通常会选择增加公司债务资本的比例，而能力较强的经理对此并不明显。Denton Collins 和 Henry Huang（2011）研究了经理管理防御对股权融资成本大小的影响，结果发现，经理管理防御水平的增加将引起公司权益资金成本增加，两者具有正相关关系。上述研究从不同的角度研究管理防御对财务政策选择的影响，尽管他们研究的侧重点有差异，但都说明经理管理防御对企业资本构成和融资决策有较大的影响。

另一方面的研究主要集中在以 Stulz（1988）、Harris 和 Raviy（1988）、Israel（1991）等为代表的控制权学派，他们从影响公司控制权的角度入手，将控制权分配和资本结构选择联系在一起，从企业经理能实现控制权收益为假设，构建了资本结构影响控制权竞争的相关模型。如 Stulz 模型研究的前提是当企业的外部融资来源于股权融资时，拥有一定比例股权的经理在面对企业被确定为其他企业兼并收购的对象时，如何通过选择一个最有利的负债比率来达到调整其对公司持有的股权比例，使公司被兼并收购的可能性降低，从而达到固守职位的目的；Harris 和 Raviv 的基本模型则以经理能力存在区别为假设的基本前提，也就说明现任的企业经理和市场中潜在对手在经营管理的能力上具有一定的差别，并且假定大多数经理会从改变公司的现存债务资本在总的资本构成中所占有的比例作为他们将其反收购的一种有效策略，模型最终导出的实验结果将可以证明这一说法：如果一个公司在经营过程中面临的负债率是上升的，它将不可能被收购，有负相关的关系；Israel 的模型用了静态比较的方式，分析认为，企业的收购和收购价格将会受到资本结构的影响；模型得出结果显示，若经理人增加公司的债务资本的占比时，公司被其他企业收购的概率越大，说明其他收购竞争者在收购谈判中的能力也就越高；若企业察觉到预期的收购将会使企业效益有所下降时，能力相对较低的经理们可能会毫不犹豫地去提高公司的负债业务。除此之外，还有 Edward（1988）、Hambrickf（1995）以及 Denis 和 Sarin（1999）等也验证了上述的各种模型，尽管他们的研究在选择的方法或者选择的变量方面存在差异，但相关结论都从某一角度揭示了控制权市场与资本结构间的关系，而且相关理论都在实践中找到了支持其结论的经验证据。

（二）国内研究现状

与国外的研究相比较，我国学者对经理管理防御这一问题的研究起步较晚，研究成果也较少。目前对这方面的问题也越来越重视，尽管在有关董事会有效性、股权激励和投资效率的文献中出现“堑壕效应”“壁垒效应”等相关表述，但都缺乏深入研究，总的来看研究主要体现为两大类：

第一类主要集中在对西方国家相关文献的整理及管理防御的作为和表现，以及如何对其进行度量和怎样有效防范上进行研究。如袁春生等（2006）对西方相关的文献进行了详细系统的梳理，并提出财务政策的选择对具有防御动机的经理来说就是一个代理问题，这是以前相关研究没有重视的，经理管理防御的研究为解释现实财务行为提供了一个新的视角；李秉祥等（2007）着重从投资行为角度对此问题作了深入的分析，并提出了展望；李金早等（2008）从个体和群体情境两方面对其研究对象和适用空间进行了拓展，从公司战略层面分析了经理对公司重大决策的影响，使理论的范围又有了扩展；李秉祥、谢晓婧（2009）通过将经理人员薪酬、经理从事管理防御活动所能获取的额外收益以及经理任期等因素作为经理管理防御的主要动机，建立了在现有激励条件下影响经理管理防御水平的理论模型，讨论了这些影响因素对经理管理防御水平的影响机理，以及这些因素之间的互动作用关系；为探求降低经理管理防御水平的有效途径，解释企业经理复杂管理行为提供了新的思路；张海龙等（2010）在对经理管理防御相关概念梳理辨析和经理管理防御动因分析的基础上，指出经理人工作转换成本、人力资本专用性和控制权收益是引起经理管理防御行为的主要动因，而股权流动性差、经理选拔机制的非市场化、经理人退出补偿条款缺失是我国经济转型制度背景下经理管理防御的深层次原因；郝艳（2011）将经理管理防御变量纳入成就动机模型，发现经理存在两种成就动机倾向，即追求成功和避免失败，两种成就动机倾向会产生不同的结果，追求成功倾向与企业价值最大化行为决策有关，而避免失败倾向与经理管理防御行为相关；王志强等（2011）研究指出，我国上市公司普遍存在管理层防御现象，与民营企业相比，国有企业存在着更为严重的管理层防御问题。

在对经理管理防御水平的测量及通过哪种有效的方式去防范这一问题等方面的研究如李秉祥、曹红、薛思珊（2008）在国内第一次研究如何更好更科学地测量经理存在的管理防御，选取六个最能反映经理管理防御行为的变量，试图提供一种较为科学的对防御水平进行更精细测量的方法，并根据一些代表性强的上市公司的权威数据验证其真实性，发现经理管理防御行为在我国企业中的确存在，而且防御程度呈逐年上升趋势；郝艳、李秉祥（2010）提出一种基于主成分分析的 BP 型神经相关的网络模型，综合评价了管理人的防御作用。实际测评的最终结果显示，该模型既可以比较准确地测评经理管理防御程度，又可以减少原始指标间的信息冗余，从而减少了神经网络的训练和测试时间，此外还具有更高的合理性和适用性。郝艳、李秉祥（2009）从经理管理防御行为动机出发，认为可通过积极的薪酬计划实现对经理人员的内在和长期激励；通过建立针对性强的职业生涯计划、离职时的个人培训计划、离职金计划、退休金计划，关注经理人员的心理危机、职业危机和挫折管理；企业文化的同化、激发潜能等措施能消除经理人员对未来预期的不确定性；通过建立配套的绩效考核约束制度、继任经理职业道德培训计划等措施可以降低经理人员的管理防御心理，达到预防和减少管理防御行为的发生。

第二类基本体现为经理管理防御对公司财务行为选择的影响，可以分为以下三个方面。

1. 管理防御对企业投资选择影响

如袁春生、杨淑娥（2006）指出经理管理防御性质的动机是造成企业的投资不足、投资过多、投资短缺等非效率投资的根本原因；李秉祥、薛思珊（2008）从经理管理防御的心理动机出发，以二期博弈分析模型为基础，针对经理人的防御目的对部分经理人内在性格、行为爱好等对投资的影响进行了大量的分析，认为不同的经理人管理防御的程度也不同；袁春生、杨淑娥（2008）进一步从人力资本专用型和专有性角度对经理管理防御行为动因和选择策略进行了研究，并以经理专属性投资为例，通过模型分析，指出了经理管理防御下企业经理专属性投资所产生的后果；李秉祥、郝艳（2009）采取实验研究方法发现在我国企业普遍存在经理管理防御，并且企业的类型不同，管理防御的程度也不尽相同，并认为公司投资短缺的最主要原因是经理管理防御过强；张海龙、李秉祥（2010）以我国资本市场上的上市公司作为研究的样本，通过构造经理管理防御指数，把经理管理防御纳入投资的期望模型，对于上市公司过度投资行为和经理管理防御行为间的关系及约束机制进行了分析，发现上市公司中存在的过度性投资行为和经理管理防御有明显的正相关性；公司现金流也会由于经理管理防御引起过度投资行为而有较大的变化；通过经理的持股、对持股人派发股利均有益于制约经理的过度投资行为，负债也可以起到一定的约束效果，但是这种效果不是太明显。

2. 管理防御与公司股利政策

如刘星等（2004）通过选取符合选样原则的我国上市公司，实证研究了我国上市公司股利政策与经理管理防御之间的关系，研究发现，经理人为确保其职位安全，在是否分配现金股利以及现金股利水平高低方面具有迎合大股东意愿的管理防御行为；李秉祥、张明、武晓春（2007）实证检验了公司特征、经理持股和经理任期等管理防御影响因素以及公司治理因素对上市公司现金股利政策的影响。与刘星等（2004）的结论不一样的是，他们的研究结果显示，经理对公司所有权控制的大小、经理的任期时间和最大董事持股比例对企业的现金分派股利政策的影响并不明显甚至没有，而反映公司特征的相关变量则对企业现金股利政策影响明显。他们得出不一样的结论可能是每个不同的企业对于公司股东持股方式的不同造成的。相关的研究还有黄国良等（2010）、吕易（2011）等，都得出一个结论，防御程度的大小将会影响公司的股利政策的选择。

3. 管理防御与公司融资行为

如詹家昌等（1999）研究发现，经理人为降低破产而产生的离职风险将避免负债，而当影响经理职位的威胁降低时，企业负债水平有明显增加的趋势；冯根福等（2004）的研究也发现，企业负债率将会受到经理为了维护自己职位带来的影响；如果公司存在较多法人股东将会减弱经理调整公司负债结构这一行为，但这种减少是短暂的，如果经理的持股较高时将会抑制这种行为的发生；黄国良、程芳（2007）研究发现，经理管理防御是我国上市公司股权融资偏好的又一重要原因；王冬年（2007）从经理管理防御的视角探讨了可转换债券融资公司的影响，认为当经理从事好的投资项目且努力经营时，可转换债券融资在避免敌意接管的同时又能避免公司陷入破产的困境，并指出现阶段中国可转换债券融资的实践为管理防御假说提供了经验证据。肖刚等（2009）将目前经理管理的防御因素恰当地引入资本结构优化模型中，模型推导出的结果表明：在进行资本结构选择时经理管理防御有明显的影响作用，经理管理防御越强，资本结构中债务所占的比重也就越低，所有者权益占大部分。张海龙、李秉祥（2010）通过在公司融资决策中考虑经理管理防御动机，建立了融资方式选择模型，模型分析得出：企业股权融资偏好产生的又一个可能原因是经理管理防御行为的内生偏好。在经理和股东对于公司治理的目标一致时，经理会优先考虑利用股票融资来满足项目资金，除非经理在投资项目中有足够的把握使投资收益最大化，才会选择举债的形式去筹资。在经理管理防御的假设下，经理将最大限度地使用股权进行融资，直至在最大限度使用股权的状态下达到均衡。张海龙、李秉祥（2010）在经理管理防御的假设下，应用社会心理学的计划行为理论，以公司经理个人融资意向为出发点，解析了经理基于管理防御动机对公司资本结构影响的作用机理，理论上推导出公司资本结构形成路径是一个由经理管理防御的融资意向上升为公司融资决策进而转化为融资行为，最后形成特定资本结构的过程，并以我国 2008 年沪市上市公司数据为研究样本，利用结构方程模型对上述理论推导进行实证检验。实证结果表明，在管理防御假设下，经理个人融资行为态度、主观规范、融资知觉、行为控制对公司资本结构的形成存在显著影响，各因素对资本结构的影响程度存在差异。其中经理人的融资行为态度是影响上市公司资本结构形成的首要因素，经理人的主观规范和融资知觉行为控制分别为第二大因素、第三大因素，但两者差异不大。李秉祥、刘凤丽、陈飞（2011）

在分析股权方式的再融资的基础上，构建了博弈性理论模型，并选取2006年至2010年有股权再融资行为的上市公司作为研究样本，使用Logistic回归分析来验证经理管理防御对股权再融资方式选择的影响，发现能力比较低的经理对公司所有权管理防御的程度相对更高，且他所处的公司也就更加偏好于股票的非公开发行；在管理防御相关动机的作用下，经理选择股权再融资方式的顺序是：（1）非公开发行；（2）配股；（3）可转债。

三 对国内外研究的简要述评

梳理和回顾相关研究，众多学者都认为经理管理防御问题在现代公司治理中是普遍存在的。实践中，经理人并非被动地面对公司治理机制，基于离职威胁的存在和离职后所拥有的各种在职消费和非货币收入的消失，经理人有主动应对公司治理的自我保护的防御动机，必然在公司经营决策中选择有利于维护现有职位的管理防御行为。随着公司治理的不断发展，经理的权利和控制能力不断加强，对公司的经营决策产生影响随之加大，在公司中的作用不断加强，更容易选择实施维护自身职位安全的行为措施，只要离职威胁产生的稳固现有职位的动机没有消除，经理主动在经营决策中选择有利于维护现有职位的管理防御行为就不会消失。因此将经理管理防御因素纳入公司财务决策的研究将更为全面和准确，回顾现有的研究文献，已有研究的主要不足表现在以下几个方面。

（一）从研究的视角看，尚未建立起逻辑完备的研究框架

目前国内已经做过的研究大部分是基于资本结构决策和管理防御、管理防御与股利分配等。实践中，经理人可能会通过多种策略

来实现固守职位的管理防御行为，而不是采用单一的财务政策或经营管理策略，哪种策略对稳定职位有用，哪种策略会降低被解雇的威胁，哪种策略就会被实施，这使得已有的研究结论难以全面解释现实，降低了结论的适用性。

（二）从研究所面临的环境背景看，目前的研究主要基于西方企业展开，从我国企业角度分析的较少，缺乏对我国特殊环境和制度背景下的企业的分析

由于我国公司治理机制以及股权结构和西方发达国家有较大的差异，尤其是我国企业内部控制还不完善，外部市场控制机制作用还不太显著，资本市场刚刚起步，经理人市场、企业破产机制相对较为落后、内部激励机制还不成熟。特别是有国有背景的上市公司经理的选拔带有较多的行政方式，这种选择机制使得经理对自己的职业生涯很难把握和预测，经理任职期间随时可能被解雇，对职业生涯的难以预测性会增加其管理防御行为动机。这种带有较多行政方式的选拔以及业绩考核奖惩机制的不规范使得不同制度背景下的管理防御行为并不相同。此外，由于我国国有上市公司的股权是高度集中的，内部人控制的特殊现象使我国管理防御问题和西方国家公司的管理防御有很大差异，西方学者的结论并不能对我国公司实践产生有效指导。

（三）从研究内容来看，与防御水平的测度问题和筹资选择决策影响问题相关的文献相对较少

如何有效地度量管理防御水平问题是经理管理防御相关研究进一步发展的关键，现有的研究虽然在这方面有一定的尝试，但相关研究仍不具有代表性，结论的准确性和适用性仍有待商榷。从目前状况来看，选择某一单变量对经理管理防御水平进行测度的文献较多，由于经理管理防御涉及经理的内心想法，更多的是与行为动机相联系，因此，采用单一变量对经理管理防御水平进行测度无法完整体现其内心真实的意图，理论结论缺乏实用性和普遍性，理论上需要提供一种新的研究思路和研究方法，以全面准确地对经理管理防御水平进行度量，从而为未来经理管理防御相关研究做好准备。

（四）从研究方法上看，缺乏针对性较强的创新性研究方法

目前研究方法对经理管理防御水平测量存在方法单一、适用性不强的缺陷，其他相关研究都以历史财务数据为基础，没有通过实地调研或专门调查等方式获取其他非财务数据进行研究。由于经理管理防御行为动机大多与经理人心理层面活动有关，仅仅以历史财务数据为基础对其进行客观准确的分析并不全面，需要以后的研究寻找新的研究方法和数据资料，并借鉴和吸收现代统计学、行为心理学等学科的最新研究成果，设计更为科学准确、适用性更强的测量方法。

本章小结

本章主要对公司资本结构理论和经理管理防御的相关研究文献进行了梳理和回顾，从总体上对相关研究的脉络及研究现状有了较为清楚的认识。通过资本结构文献综述，可以看出相关理论结论差异较大，有的结论之间完全相反。究其原因，主要是理论研究所面临的市场环境不同、研究样本不同、前提假设不同或者研究视角不同，因此可以说理论结论只是一定条件下的结论正确，只能指导既定环境背景下的公司融资实践。特别是缺乏国内市场环境背景下的相关研究，从经理管理防御角度对资本结构选择和融资决策的研究更少。在对经理管理防御相关研究文献梳理中发现，已有大量学者开始重视管理防御问题对公司治理的影响，众多学者都认为经理管理防御问题在现代公司治理中是普遍存在的，并开始意识到经理并非被动面对公司治理机制，基于离职威胁的存在和离职后所拥有的各种在职消费和非货币收入的消失，经理有主动应对公司治理的自我保护的防御动机，必然在公司经营决策中选择有利于维护现有职位的管理防御行为。只要离职威胁产生的稳固现有职位的动机没有消除，经理主动在经营决策中选择有利于维护现有职位的管理防御行为就不会消失。本章对相关研究进行梳理和述评，总结了其研究不足和局限，无论是研究的内容、制度差异下的研究结论、水平测度的不完善，还是研究方法重新选择，都为本书研究的开展做了铺垫，也为本书找到创新点和新的研究空间提供了启发。

第三章　经理管理防御内涵扩展与行为动因分析

心理学的研究表明，人的外在行为是其内在心理活动和精神状态的表现。因此，人的外在行为动机很难被直接观察。经理基于离职威胁而采取某种有利于自身职位稳固的管理防御行为的真实动机也是很难被直接观察的，这些行为涉及经理内在心理动机，经理也会隐瞒自己真实想法，使得真实的心理动机很难被外界观察到。本章主要在对经理管理防御内涵进行新的扩展的基础上，对转型期我国企业经理管理防御行为动机和原因进行分析。

第一节　经理管理防御的概念辨析及内涵扩展

解决股东与经理人的冲突问题一直是委托—代理理论在公司治理研究中的重要内容，由于代理人行为因素复杂，所以这一问题也由许多学者从不同角度进行了扩展，使代理理论无论是在深度上还是在广度上都有所发展。在代理理论看来，要想解决投资人与经理目标不同而引发的各种利益相关问题，可以设计一个有效的激励机制，使得经理和股东的目标趋于一致，从而有效地减少这两者间的冲突问题。然而，现实中的经理为降低职位风险，为避免离职后承担的转换工作成本，必然会通过其在公司中的控制力和影响力选择有利于自身职位稳固的财务政策，以防止被撤换。这使得传统代理理论的前提发生了动摇，所以经理和股东存在的代理问题就要以新的方式重新解决，需要重新研究代理问题。这有利于降低代理成本并且对控制和规范经理的行为有很大的作用。

最早的经理管理防御假说是由 Shleifer 和 Vishny（1988）研究有关经理所有权与公司业绩之间的关系时提出的，这个假说认为经理持股能够引起经理管理防御。经理管理防御主要是指在公司现有管理机制下经理运用权利追求自身利益最大化的过程。随后，又有众多的有关研究学者从它的内部和外延上进行了有效的扩展。Berger 等（1997）将其定义为经理不受公司治理和控制的状态。Weir 和 Peter（1999）认为经理的目标函数和股东产生偏差而股东又无法对其有效替换是经理管理防御问题出现的主要表现，管理防御的存在甚至会使来自产品市场和经理市场的竞争压力也无法对经理受聘构成威胁。由此可以看出，Shleifer 和 Vishny（1988）对经理管理防御的观点实际上是解释了 Fama（1983）提出的经理股权对公司绩效产生影响的原因，而 Berger 等（1997）对管理防御的定义则是高度概括了经理管理防御结构，Weir 和 Peter（1999）对经理管理防御的观点则直观表达了经理管理防御产生的结果效应。目前国外相关研究文献中，大都采用了 Berger 等（1997）的定义。

国内的大多数学者对于经理应对的管理防御的理解也不一样，比如“沟壕防御”“管理者壁垒”“盘踞效应”“固守职位”等。

上述概念从不同的角度对经理管理防御的内涵进行了表述，虽然他们的说法也不一样，但更多是从防御的目的、形成的状态出发的。从国外的研究中也不难看出，经理人通过改变融资的结构及投资行为，如过度投资、投资短缺、股权融资偏好等使自己对公司的控制能力加大，使公司对其解雇的成本增大。实际上经理人除了确保职位稳固，还采取有利于自己的管理决策等措施来积累权利、提高声誉，最终达到个人效用最大化。因此，要理解经理管理防御（Managerial Entrenchment）的内涵，应主要从其行为角度进行理解，本书认为管理防御是指在公司内外部控制机制下，经理职业生涯中可能面临被解雇、企业破产、被接管等因素的威胁与压力，经理在这些压力之下，会采取一切有利于自身职位稳固的管理决策，并努力追求自身效用最大化的行为或者是策略。这一内涵拓展了关于经理持股能够导致经理管理防御这一假说的适用范围，突破了现有研究仅从经理持股角度去研究经理管理防御的局限性。

第二节　经理管理防御行为动因分析

现实中，经理行为的真实动机是不可直接观察的，经理管理防御涉及经理深层次的心理活动，甚至经理可能自为而不自知，因此需要从动机和行为本身对其进行进一步的分析。行为科学研究认为，主体的一切活动都是由一定的动机引起的。既然经理进行管理防御行为的根本目的是保证经理在职业生涯中不被轻易解雇，因此经理的一切防御行为的动机都是基于职位稳固而展开的。

一　高工作转换成本

工作转换成本是指一个人从以前的工作岗位转换到其他的工作岗位的过程中产生的损失和机会成本。这个概念最早是由 Gilson 提出的，他在实证研究美国公司高级主管在财务恶化时的离职情况时发现，经理离职会产生很高的个人成本，比如高级主管离职后大概有三年不能在上市公司担任要职。之后 Nagarajan（1995）对离职的工作转换成本的范围和内容进行了扩展，认为经理离职后遇到的各种问题如造成的声誉损失、学习新的技巧和熟悉新的环境、建立新的人际关系都属于离职工作转换成本的相关范围。对于经理个人而言，如果他被公司解雇，必然会迎来寻求新工作的过程、承担工作转换高成本的风险，这种损失包括原来高额的福利和薪水、在职消费等潜在的有形损失，还包括个人的公司声誉、所处社会地位等无形的损失。除此，离职后对短时期内不能重新找到合适岗位的风险和重新就业后对新工作的学习和熟悉所付出更多的努力都会感到很大的压力。因此，经理首先考虑的问题便是如何降低雇佣风险和稳固自身职位，由此会引起经理防御行为，而工作中产生的转换成本越高，管理防御的动机就越明显。

二　专用性的人力资本价值减损

交易经济学的核心内容和概念是“资产的专用性”，威廉姆森将其定义为：不牺牲生产价值的条件下，资产可用于不同用途和由不同使用者利用的程度，并将资产专用性划分为场地专用性、物质资产专用性、人力资产专用性、特定用途资产专用性、品牌资本专用性和暂时性资产专用性六类。根据威廉姆森的分析，专用性的资产在运用过程中会受到团队行为的不同影响。专用性质类资产一旦脱离了它特定的从属团队，其价值就会减损，但是资产利用专用性越高，把它转做其他的用途的成本就会越大，因此资产的价值减损的程度也就越高。人力资本专用性投资是专门为提高某一特定企业的绩效而持续进行的时间、知识、经验和技能等方面的投资，它不仅包括个人在该企业专门经营领域中的知识、经验和技能的积累，而且更强调在企业合作团队中员工相互之间在知识或技术上的互相信任和依赖以及所有可以提高效率降低交易成本的资本总和。人力资本的专用性使得其只对特定企业具有价值，一旦离职，则人力资本的价值急剧下降；因此，当经理在特定的企业投入时间、知识和技能之后所形成的人力资本专用性只在该企业具有较高的价值，一旦离职这部分价值将大大减损，即经理离职将导致专用性人力资本准租金的消散。人力资本专用性的这一特征在客观上对经理退出企业造成了阻力，而且经理一旦退出企业，其人力资本价值也会有大幅度地减值，而经理人力资本价值的最大威胁便是被解雇或撤职。因此，经理为了避免现有的人力资本价值过度减损，将一般会通过一定的管理防御手段来消除离职带来的影响。

三 经理控制权收益损失的不可弥补性

所谓控制权，就是排他性地利用企业的各类资产，特别是利用企业资产从事投资和市场营运。控制权最大的特性就是能产生控制权私人收益，也就是通过各种占有和使用控制权来获取更多的收益，这种收益称为控制收益。从理论上来讲，股东应该拥有正式的控制权，并拥有全部控制权收益，而经理现有的权利只是来自董事会对他的授权。但现代企业契约理论则认为，现代企业是股东、董事会与经理之间的一种不完全的契约关系，他们之间的权利和授权范围的界定不可能像完全契约一样明晰，董事会也不可能对经理日常经营管理中的事项逐一列明授权，所以经理在许多情况下会根据企业的实际情况，自主决定公司相关事务和相关决策，这就使得经理的实际权利要比理论上大得多。此外，从公司决策效率来看，现代企业为了应对激烈的市场竞争，也要求经理拥有更多的自主决策权，这使得经理对公司的控制权进一步扩大。因此，随着经理控制权的逐渐扩大，与此相应形成的控制权收益也成为经理报酬的重要组成部分。然而，经理攫取控制权收益的重要前提是“在位”，如果经理职位不保，就会失去合法的职位保证，相应的，经理也就会失去控制权收益。所以这种由于离职而引起的控制权收益损失的不可弥补性会使经理具有更加强烈的固守职位动机。

第三节　我国企业环境和制度背景与经理管理防御

经理管理防御行为是经理应对职位威胁和压力的行为表现，国内外企业都有这种情况，行为动机理论的分析对于解释复杂的经理人行为具有普遍的参考意义。然而，与西方企业的经理相比，我国企业经理所面临的环境和制度背景与西方有很大的不同，这使得我国企业经理管理防御动机有更深层次的原因。

一　股权流动性差限制了外部接管对经理的监督

企业中的重要的监督机制是外部接管和内部控制。外部接管发挥有效监督的前提是股权能够在一定范围内自由流动，这样外部有意愿的接管者能够花费较低的成本取得公司，从而撤换公司内部一些不称职的经理人员，从而进一步达到对经理的监督。我国企业尤其是大部分上市公司，其中有很多不能流动的国有股和法人股。由于这些类型的国有股、法人股不能自由买卖，这就在一定程度上限制了外部的接管者对企业控制权的接管，严重地降低了外部接管对经理的监督，因此外部接管相对而言对经理的威胁还是较小。而且，国有股具有绝对的控股地位，这也使得控股股东任命的经理缺乏来自其他股东接管的压力，因而比较容易产生经理管理防御制度环境。近几年来，国内资本市场上控制权争夺的兼并收购开始活跃，随着股权分置改革的逐步完善和上市公司股权流通时代的临近，企业之间市场行为的敌意接管等兼并收购活动必将更加频繁，这使得我国企业经理人被迫离职的可能性加大，因此经理管理防御动机将会更加强烈，当然经理管理防御行为将可能加剧。

二　经理选拔机制的非市场化导致了经理对控股股东的迎合

在现代公司治理模式下，经理的能力水平是通过外部经理人市场体现出来的，股东可以依据经理人市场评价来选拔合适的经理，当然，经理也可依赖其经历和良好的声誉等市场表现，提高自己在和股东的契约谈判中讨价还价的能力。我国企业的公司制改革已经历了约20年时间，职业经理人市场也有了很大的发展，尤其是国有企业经理的选拔，相比以前已经有了很大的改观，经理与上级主管部门之间的依附关系大大地削弱了，但是，以国有企业占主体的我国上市公司经理的选拔制度大多还是“依附于行政组织安排的内部提拔”，国有股权的绝对控制地位使经理的选拔大多依附于控股股东的意愿（张长征等，2008）。我国经理人管理防御行为，更多的是迎合大股东的意愿。

三　经理人退出企业的保护条款的缺失加剧了管理防御动机

在国外企业中，大多数企业的经理在进入企业前，会利用其能力、声誉等作为签约资本，要求企业签订一些契约补偿条款，这些条款大多写进了公司章程中，规定经理在退出企业时可以得到高额的补偿，防止和反击收购公司对其展开的恶意收购活动所引起的离职威胁，以提高董事会解雇经理的决策机会成本。比如最为常见的“金降落伞”协议中，协议明确规定当经理失去自身职位或者公司控制权时，公司要向其支付数额较大的薪酬补偿，无论这种撤换是应该还是不应该，只要经理不是主动自愿提出离职。因此，只有当股东认为撤换现有经理带来的预期收益大于所付出的薪酬补偿时，股东才有可能做出解雇经理的决策，从而起到对经理职位的保护作用。目前，我国企业经理的选拔机制在很大程度上还不是依赖于一个比较成熟的经理人选拔市场，经理在与股东签订契约的时候，还暂时不具备和股东谈判和讨价还价的能力。因此契约没有对经理起到相应的保护作用，因而我国经理不可能像其他国外企业经理人那样在自愿离职时获得相关补偿，契约补偿条款的不完善就加剧了我国经理管理防御动机。

本章小结

本章把经理管理防御形成的原因作为研究的关键点，在对经理管理防御概念辨析的基础上从经理行为动机的目的出发，通过分析认为高工作转换成本、专用性的人力资本价值减损、经理控制权收益损失的不可弥补性是经理管理防御产生的主要原因，而相对于西方国家，我国企业经理人所面临的环境和制度背景不同，因而股权流动性差、经理选拔机制的非市场化以及经理人退出补偿条款缺失是我国经济转型制度背景下经理管理防御的深层次原因。

第四章　经理管理防御假设下的公司融资决策理论模型

资本结构的相关理论除了分析股权资本和债务资本的比重问题之外，更重要的是通过对债务资本和权益资本工具的选择影响公司治理效率，以便更好地指导融资实践。从我国公司尤其是上市公司的融资实践来看，现代资本结构理论和融资理论并不完全适用于我国的现实情况，有些融资实践和理论结论不相符合，甚至相反，难以有效对我国企业的融资实践做出合理解释。从我国上市公司的融资实践来看，普遍存在偏好在资本市场上发行股票进行筹资的现象。众多研究者普遍认为偏好发行股票进行筹资是我国上市公司筹资方式选择的主要表现。有很多学者通过分析比较我国上市公司各种筹资方式产生的资金成本，认为上市公司发行股票进行资金筹集的成本低于采用债务筹集资金的成本是公司优先发行股票筹资的主要原因。但这种解释并不完全正确，因为对经理站在公司利益的角度选择筹资成本较低的股票融资无可厚非；但站在投资者的角度来看，债务资本的收益将大于权益类资本的收益，投资者就不愿提供权益类资本，而更加倾向于提供债务类资本，这将使权益类资本的供给下降，投资者对权益类资本的预期收益率就会提高，从长期来看，发行股票进行筹资的资本成本就会升高，发行股票进行资金筹集的成本低于采用债务筹集资金的成本的结果是不存在的。即使发行股票进行筹资的成本比通过债务筹集资金的成本低，那也是短期内的表现。

基于行为科学理论，主体的心理动机会表现为行为活动。实际上公司经理为避免被解雇，会主动去应对企业的内外部控制机制，而不是被动接受股东的监督与约束，经理为稳固自身职位，减少离职威胁所带来的压力，必然在自身控制权范围内选择有利于维护职位稳固的行为决策，而这些行为决策可能对股东并非有利。体现在筹资方式选择上，就是当股东期望选择债务筹资方式时经理却选择有利于自身利益的权益筹资方式，这些基于职位稳固的行为可能会降低公司绩效，从而最终损害股东利益。因此研究公司筹资方式选择问题不能将经理的因素排除在外，要充分考虑经理在面对公司治理机制时主动应对的现实情况。因此，解释我国公司的融资实践，必须要考虑我国现实的环境背景，传统的融资决策理论和资本结构理论只能作为一定的理论参考，只通过一种相关理论不可能非常合理地解释我国企业尤其是上市公司的筹资选择实践，需要从新的角度来研究公司融资决策选择问题。本部分主要在 Myers（1984）融资模型的基础上，将经理管理防御作为影响变量引入到模型中，从理论上说明经理管理防御是如何影响公司筹资选择方式的。

第一节　完美市场条件下公司融资选择

为了便于模型分析，假设经理在项目初期被公司雇佣，经理人的风险类型为中性，公司的最优资本结构已经确定，市场是无摩擦的，也就是假设交易费用为零，不考虑货币时间价值，基于此条件研究企业筹资决策和经理管理防御的关系。假设经理不存在经理管理防御行为，也就是股东和经理人的目标函数相同，经理人完全按照股东的意愿进行决策，双方不存在信息不对称。其他相关假设如下：

①假设公司有一个新的投资项目，完成项目投资共需要资金总额为I，项目的全部资金来源于公司外部融资，没有内部留存资金。外部融资既可以发行股票，也可以选择债务资本，债务成本为r，公司也可选择放弃项目，P为新项目投资成功的概率，则$1-P$为失败的概率，R为投资成功的收益率。

②在新项目没有实施之前假设公司的价值为V_0，公司发行在外的股份为N_0，假设市场不存在交易成本，也就是公司从外部融资的摩擦成本为零，股东、债权人和经理人的风险类型为中性，货币不存在时间价值。

③假设经理人的报酬主要由薪酬和业绩报酬两部分组成。如果公司选择发行股票进行筹资，则发行的新股价格为$\frac{V_0+I}{N_0}$，需要新增的股份为$N_1=\frac{IN_0}{V_0+I}$。假设无论采用哪种外部筹资方式，项目运行结束后公司最终价值为V_0+RI+I。假如公司选择发行新股进行筹资，则原股东的所有权将被稀释，实际的所有权比例则最终为$\frac{N_0}{N_0+N_1}$，项目结束后原股东取得的最终收益率为：

$$R_g=\frac{N_0}{N_0+N_1}\left(V_0+RI+I\right)=\frac{V_0}{V_0+I}\left(V_0+RI+I\right) \quad (4-1)$$

假如公司选择用债务资本满足项目投资，假设所得税税率为零的情况下，项目结束后原股东取得的最终收益率为：

$$R_z = V_0 + RI - rI \tag{4-2}$$

在不存在经理管理防御的情况下，股东和经理人的目标函数是一致的，因此经理人的选择策略也就是股东的选择策略，因此公司选择发行股票进行融资的必要条件是：

$$R_g - R_z = \frac{V_0}{V_0 + I}(V_0 + RI + I) - (V_0 + RI - rI) > 0$$

最终为：

$$I^2 r + V_0 Ir - I^2 R > 0 \tag{4-3}$$

在 V_0 和 I 确定的条件下，可得到：

$$R < r + \frac{V_0}{I}r \tag{4-4}$$

所以，在 V_0 和 I 确定的条件下，$r + \frac{V_0}{I}r$ 是公司外部筹资方式选择的临界点，当经理人对项目的投资收益率估计为 $R < r + \frac{V_0}{I}r$ 时，则采用发行股票的筹资方式进行项目投资；当收益率 $R > r + \frac{V_0}{I}r$ 时，则选择通过债务资本的筹资方式进行项目投资。

可以看出，公司融资方式的选择受到项目预期投资收益率大小的影响，而其预期收益率是一个预期估计数，除了与经理管理能力和是否尽力有关外，还与项目本身，以及当时的成本价格、政策环境和市场状况有关；尽管项目的投资收益率可以通过降低成本等管理措施加以提高，但这种改变和提高有一个上限。因此，当预期收益率处于正常水平时，经理会首先考虑权益融资（发行股票），除非经理完全确定未来项目的预期收益率超过 $R > r + \frac{V_0}{I}r$ 时，经理才会选择通过债务资金来满足项目投资资金需求。

第二节　经理管理防御假设下的公司融资方式选择

按照公司法的规定：为了保证筹资决策程序更加合理，在董事会制定筹资方案的基础上，由股东大会对其方案进行批准、审议和决议。但在实际中，最初的方案一般是出自经理层。在实际的经营管理过程中，经理人处于公司治理的中心环节，是公司所有信息的中枢与综合性节点，这种特殊的地位造成的结果是，经理人往往是企业所有信息的接收、过滤以及发送的中心。当经理人的控制权更进一步提升时，他们除了掌握企业的经营决策权之外，也掌握内部信息系统控制的权利，故而经理人比董事会和股东掌握更多的信息，对于企业的经营业绩、企业整体资源状况等信息更加了解，经理人可以充分利用这种信息优势对公司融资决策的期初信息进行必要加工和处理，从而尽可能使董事会和股东所获得的信息结构与经理人的筹资意向相吻合，促使董事会和股东所作出的筹资决策和他们一致。由于历史和制度的原因，我国资本市场最初的设计就是以解决国有企业的筹资问题为主要目的，因此上市公司中有国有或集体背景的公司占大多数，虽然近年来上市公司不断进行股权改革，国有股份比例大大下降，但“一股独大”的非正常现象在国有上市公司普遍存在。此种公司治理结构的特征使国有股处于超强的控制地位，其他中小股东很难有效参与公司的监督与决策，公司的监督和管理机制被弱化；而国有股实际上的代表人是相关政府部门、国有资产管理公司及上级主管部门，这些真正的股东代表又很难有效地发挥他们的监督管理作用，导致实际上公司被内部人控制，而

“所有者”是缺位的。在这样的环境下，经理人在与股东合谋的同时，他们巨大的控制力使得他们成为企业里的实际控制者，他们不仅限于决策的权利，更多的是掌握着经营管理权，他们可以利用这种权利直接影响或者是促成企业的筹资决策。为了更进一步分析公司的筹资决策在经理管理防御下会产生什么样的变化，基于本章第一节假设的基础，笔者提出了以下假设。

假设经理预先了解投资项目能成功实施的真实概率为 p，股东对项目成功的概率具有部分信息；项目成功的概率用变量 φ 的概率密度衡量，则有 $f(\varphi)>0$，$p\leqslant\varphi\leqslant0$，$p<1$。变量 p 衡量股东知道项目成功的概率。由于只了解部分信息，所以 $p<1$。另外，用函数 U 来表示经理的报酬效用，并假设 $U'>0$，$U''<0$，则表示经理风险类型为厌恶型。

在此条件下，当经理人选择用债务资本满足项目投资，假设所得税税率为零的情况下，项目结束后原股东的最终收益为：在此假设下，当经理人选择发行股票进行筹资时的报酬函数为：

$$U_g=PU\left[\frac{V_0+PIR}{V_0+PRI+I}(V_0+RI+I)\right]+$$

$$(1-P)U\left[\frac{V_0+PIR}{V_0+PRI+I}V_0\right] \qquad (4-5)$$

当经理人选择用债务资本满足项目投资在所得税税率为零的情况下，项目结束后的报酬函数为：

$$U_z=PU[V_0+IR-Ir]+(1-P)U[0] \qquad (4-6)$$

定义 ω_g，ω_z 为 $[p,1]$ 的子集，分别表示股东期望经理发行股票进行筹资和选择用债务资本满足项目，定义 $\Phi_g=E[\Phi/\varphi\in\omega_g]$，$\Phi_z=E[\Phi/\varphi\in\omega_z]$ 代表选择发行股票进行筹资和选择用债务资本满足项目投资时股东对项目成功概率的期望值；$E[U/P,\ \Phi_g]$，$E[U/P,\ \Phi_z]$ 代表在真实概率 P 的条件下，经理人选择发行股票进行筹资和选择用债务资本满足项目投资的期望效用。

根据上述定义，假设在经理管理防御存在的情况下，经理人选择发行股票进行筹资时报酬的效用函数为：

$$E[U/P,\ \Phi_g]=PU\left[\frac{V_0+\Phi_g IR}{V_0\Phi_Z RI+I}(V_0+RI+I)\right]+(1-P)U\left[\frac{V_0+\Phi_g IR}{V0+\Phi_Z RI+I}V_0\right] \qquad (4-7)$$

定义

$$Z=\frac{V_0+\Phi_g IR}{V_0+\Phi_z RI+I}$$

可使式（4-7）表述为：

$$E[U/P,\ \Phi_g]=PU[Z(V_0+RI+I)]+(1-P)U[ZV_0] \qquad (4-8)$$

假设无风险利率为零，则项目投资额 I 和债权人期望的收益相等，因此，

令

$$T=\frac{I-(1-\Phi_Z)V_0}{\Phi_0}$$

当经理人选择债务资本进行筹资时，其报酬的效用函数为：

$$E[U/P,\ \Phi_z]=PU[V_0+IR+I-T]+(1-P)U[0] \qquad (4-9)$$

定义 $F(P)=E[U/P,\ \Phi_g]-E[U/P,\ \Phi_z]$，对 $F(P)$ 求 P 的导数：

$$\frac{\partial}{\partial p}F(P)=\frac{\partial}{\partial p}\{E[U/P,\ \Phi_g]-E[U/P,\ \Phi_z]\}$$

$$=\{U[Z(V_0+IR+I)]-U[TV_0]\}-$$

$$\{U\left[V_0+IR+I-T\right]-U\left[0\right]\} \tag{4-10}$$

可见，对于P而言，$\frac{\partial}{\partial p}F(P)$为常数。

这意味着经理人选择发行股票进行筹资还是选择债务资本满足项目投资的期望效用之差为常数。假如常数大于0时，则意味着当投资项目成功时，选择发行股票进行筹资的期望收益小于选择用债务资本满足项目投资，这是不成立的。因为如果经理的期望效用在债权融资下比在股权融资下低，股权将总是支配债权，经理人总是使用股权融资，投资者基于理性预期将会降低对股权的预期而提高对债权的预期，迫使管理者放弃继续使用股权融资，最终会形成一个基于项目真实概率的理性均衡。当常数小于0时，意味着经理人的期望收益效用在股权融资下比在债务融资下更高，对任何投资项目成功的概率P，经理将最大限度地选择发行股票进行筹资，直至外部投资者基于理性预期降低股权预期而提高债权预期，迫使经理放弃使用股权融资，从而达到均衡，达到经理期望效用最大，也就是

使得：
$$\frac{\partial}{\partial p}F(P)=0 \tag{4-11}$$

为了更加深入地证明上述结论对式（4-9）求Φ_g的导数：

$$\frac{\partial}{\partial\Phi_g}\{E\left[U/P,\ \Phi_g\right]\}=\{PU'\left[Z(V_0+RI+I)\right](V_0+RI+I)+(1\_\ P)U'\left[ZV_0\right]\}\frac{\partial}{\partial\Phi_g} \tag{4-12}$$

因为　$U'>0$，而$\frac{\partial Z}{\partial\Phi_g}=\frac{(RI+I)\ I}{\left[V_0+\Phi_g(RI+I)\right]^2}>0$

则得到：$$\frac{\partial}{\partial\Phi_g}\{E\left[U/P,\ \Phi_g\right]\}>0,\ P\in\left[p,\ 1\right] \tag{4-13}$$

从上述模型结果可知，当经理人选择股权融资比选择债权融资

的期望收益效用要大，并且收益效用会随着选择股权融资的比例增大而增大。与不存在经理管理防御的情况相比，经理人选择股权融资方式是一种内在偏好，对于项目成功的任一概率，经理人都会首先最大限度地使用股权进行融资，这种融资选择会使经理人的期望收益效用高于债务融资下的期望收益效用，只有当外部投资者基于理性预期降低股权预期而提高债权预期时，经理人才会放弃继续使用股权融资而采取债权融资方式。

本章小结

本章在经理管理防御的假设下考察了我国企业的融资决策。通过建立模型来阐述经理管理防御对企业融资方式选择的影响，模型分析表明，经理人基于管理防御的动机而具有内在的股权融资偏好是导致我国企业优先选择股权融资的主要原因。在没有经理管理防御影响下，经理人和股东利益一致，经理人选择融资方式取决于项目预期投资收益率的大小，只有当经理人对项目的预期盈利把握非常高而且确定项目的预期投资收益率非常大时，才有可能选择债务融资方式；而在经理管理防御假设下，经理人将尽可能地使用股权进行融资，直至在最大限度使用股权的状态下达到均衡。由此可见，只要经理固守职位的管理防御动机存在，只要经理人作为代理人具有隐藏信息行为，只要经理人担心被解雇，经理人对融资方式选择的偏好就将始终存在。

第五章　经理管理防御假设下的公司再融资方式选择研究

作为现代资本结构理论的重要内容，公司融资模式的选择一直是理论界研究的重要内容。基于典型的 MM 理论，现代资本结构在此基础上进一步深化，不仅对实践有了更强解释力，而且也通过国外公司的实践找到了支撑的经验证据。由于我国的上市公司有自身的特殊性，使得西方财务理论的解释出现了很大的局限性。因此，基于我国资本市场的实际情况，研究我国上市公司的融资问题就成为学术界关注的焦点。

目前关于融资理论的研究主要是从资本市场、融资成本以及公司治理环境等方面展开，本章主要研究思路是：既然相关研究结果表明经理管理防御对公司财务政策的选择有重要影响，而经理权利和非权利特征对经理管理防御程度有重要影响，那么，从经理人自身来看，公司再融资方式的选择既是经理管理防御的结果，又是经理权利和非权利特征因素作用的结果。由于经理人自身又在经理权利与非权利特征方面存在差异，因而会造成经理人的管理防御程度各不相同，反映在融资行为的决策上也就不尽相同。到底经理管理防御对我国上市公司再融资方式的具体选择有怎样的影响？哪些是导致这些差异的主要因素，这些因素对再融资方式又有怎样的影响？这些问题是本章研究的重点。本章通过构建上市公司再融资结构变量和经理权利和非权利特征变量，以上市公司再融资数据为研究样本，并通过典型相关分析试图回答以下两个问题：（1）对于我国上市公司的筹资偏好行为来说，经理管理防御动机能否对其作出有效的解释？（2）既然经理权利和非权利特征会对经理管理防御行为产生影响，那么它的哪些因素会对我国上市公司筹资方式的选择产生较大影响？

第一节　经理权利的内涵

有关权利相关的研究最初来源于社会学，表现为能否顺利实现愿望的能力，随着相关理论研究的进一步发展，企业组织中也开始出现了权利的研究。如 Finkelstein（1992）在对经理权利的研究中，将其权利分为所有权、结构权、专家权以及声望权；Bebchuk 和 Fried（2004）提出管理层权利理论，当经理对于薪酬契约的制定完全脱离董事会的监督和不能控制时，认为经理有能力影响甚至决定自己的薪酬，并可能产生寻租问题。

从理论层面来讲，经理权有法定和自主两种，经理的权利只是来自董事会的授权。当经理被公司聘用时，就会拥有法律规定的职权范围，这种权利就是法定权利，它无须董事会另行授权，只是与职位所规定的权限有关。而一旦在特定合同规定了经理权利的范围时，这种权利就是自主权。实际上，经理所发挥的权利往往大于理论上所赋予的，这是因为在不完备的契约下，授权也没有办法完全清晰，这就导致经理需要根据实际情况来进行相关决策，从而使得其业务范围也进一步扩大。所以，经理权会对经理管理防御程度产生重大影响。所有权和自主权构成了经理权的两个方面，作为股东拥有所有权，而资源运作权和职位权表现为自主权（张长征等，2008）。经理自由支配公司资产的权利越大，其资源运作权就越大，而经理一旦被聘用，其就会拥有职位权。整体来看，经理对公司的影响和控制力的大小，取决于其权利的大小。

具体而言，对企业的剩余控制权和剩余索取权构成了经理所有权，这是一种股东所拥有的权利，一旦经理持有公司的股份，经理便拥有这种权利；而在经理管理公司事件的过程中，由于管理事件的不确定性使得经理必须具有临时对事件的决策和处置的权利，这种权利就是经理自主权，也称为自由裁量权。经理作为现代公司治理结构中重要的治理安排，理论上讲，其权利的大小来源于董事会的授权大小，经理根据董事会的授权具体执行董事会的相关决议。所以，经理自主权主要是基于董事会的授权范围，一旦外部监管机制和内部治理出现问题，经理就会对决策权、监督权和执行权等权利体系产生影响。一般情况下，很难直接看出这种影响的能力，因为这种权利具有隐蔽性，且在不同企业中会有很大差异。因此，必须遵循一定的路径寻找经理自主权的表现，从而区分经理自主权的大小。本书赞同李有根（2002）、张长征（2008）基于公司治理视角对经理自主权的解释，并在吸收了其研究中的一些观点的基础上，突出了从空间维度和时间维度展开对经理自主权表现形式的研究。

一　经理长期保持职位是经理自主权在时间维度上的主要体现

经理自主权产生的前提是经理必须获得经理这一职位，获得这一职位，也就获得了公司法规定的经理所具有的法定权。职位权是一种状态依存权，体现了职位权的不稳定性，它的存在必须依赖主体的地位或身份：当主体拥有这一地位或身份时，职位权就会存在，而当主体失去这一地位或身份时，它也就随之消失。因此，经理的职位权是完全依附于经理这一职位而存在。只要经理长期保持“经理”职位在身，所拥有的相关权利就不会消失。另外，经理能长期保持这一职位，往往预示着经理与股东的代理关系稳固，股东难以对经理进行撤换或者即使撤换成本也太大；再者，经理如果能长期在位，使得他能充分掌握企业内部信息，这种信息优势也有利于进一步增强经理与股东讨价还价的能力，使其继续保持领导权利和地位。因此，经理长期保持职位权是经理自主权大小的主要体现。

二　经理是否担任董事长是经理自主权在空间维度上的体现

一般来说，经理行为是受股东和董事会监督和制约的，在公司股权分散或虽然存在大股东但名存实亡（比如国有企业所有权虚置）的情况下，经理的权利相对较大。当经理担任公司董事会职务尤其是担任董事长时，经理人对公司资源的使用和配置权利更大。

在企业的内部经营管理中，对于公司资源的使用和配置能力的大小体现了经理对公司的控制能力的大小，经理对公司资源的支配和使用能力的大小，也是公司内部治理机制设计的主要方面，体现了股东与董事会对经理权利的限制或是放纵。例如，一般情况下，经理对公司资产的配置权利一般限制在流动资产上，而固定资产配置（如投资权限及额度）则一般不在经理权限之内。然而，一旦经理兼任董事甚至是董事长时，在某种程度上自然就获得对固定资产的处置权及战略性决策权。可以看出，职位权与资产处置权是相互促进、相互影响的。职位权是基础，经理正是由于拥有职位权才能拥有公司资产处置权，而且随着兼任的职位越多，对资产的处置权就越大。同时，经理对公司资源尤其是公司关键资源的处置和控制，又会提高经理对股东或董事会的重要性，使其获得更大的职位，比如由原来只担任总经理变为兼任副董事长甚至董事长。因此，影响经理权利大小的因素主要体现在以下几个方面：

（一）经理持股比例

经理所有权大小的表现是其持股比例，因为股份代表着股东权利，因此持股的大小直接反映所有权大小，体现为企业年末股数总额里经理股份的比例。由于股权激励可以解决由于两权分离而产生的代理问题，而被现代企业广泛采用。经理持股的初衷就是为了减少代理问题，使股东和经理双方利益趋同。然而进一步研究表明，经理持股机制在减少代理问题，增加企业价值的同时，也会导致经理的管理防御动机。也就是说，经理对公司的控制力会随持股比例的增加而增加，进而导致其对公司的决策产生更大影响。甚至有可能会作为公司董事来进一步参与董事会的决策，更加有利于提升经理自身的权益。因此，企业原有约束机制的效用就会大打折扣，其他约束机制又不具有成本效益原则，从而导致本来为降低代理成本设计的经理持股机制，反倒成为经理管理防御由动机变为实际行为的有利因素。

（二）经理任职期限

任职期限标志着经理权利的时间维度，指的是经理在企业担任经理职位的年限。任职期限也经常被认为是经理对公司过度控制和缺乏董事会监督的一种标志，在现代公司治理相关的理论研究中任职期限也常常被用来作为经理控制能力的变量指标。从组织理论的研究结果来看，经理内部权利的大小与其任职期限是正相关的（张长征等，2008）。从权利程度来看，经理权利随着其任期的增加而产生更加广泛的影响，从而进一步稳固自身职位。Panian 和 Allen（1982）发现，经理的任职期限越长，经理的权利越大；Berger（1997）等人则发现，经理对企业的控制能力随其任职期限的增加而增强；Hambrick 和 Fukutomi（1991）发现，企业绩效和经理任职期限是非线性关系，更多的是一种倒 U 形关系。他认为出现这种关系的原因是人力资本的专用性会随着任职期限的增加而增强，替换经理的可能性就会变小，这使得经理任职期限越长，其离职的意愿越低，不思进取的可能性越大，更愿意固守职位；另外，经理的地位也随着任职期限增加而提升。因为一旦其长时间在企业任职，那么就更容易增强其控制力，而使得一些监督机制的效用大打折扣。股东想要正常解雇就变得更加困难，成本更大，经理心理和行为将更可能导致其背离以企业价值最大为标准的决策原则，而是选择有利于自身的决策行为。Ayla Kayhan（2003）发现，经理对企业内部控制机制的影响随着任期的增加而增加，一旦其影响力增大，那么管理的防御程度也会增大；同时，经理构建“经理帝国”和谋私的想法也会随任期的增加而增加，表现为董事会选举时，经理会推荐有利于自身的人员而排挤不利于自身的人员。这成为经理巩固和提升自身地位、降低企业内部控制监督有效手段的重要方式。从经理的职业生涯进展来看，较长任职期限会使经理产生较强的心理依赖，更喜欢享受现有组织中的认同感和满足感，换职位和工作的意愿越低，经理的思想认识和知识结构也会随着时间的增长而固化和僵化，缺乏进取精神和创新动力，从而增强预期的工作转换成本。此外，经理的在职消费水平和薪酬也随任期的增加而提升，其收入和职业更加稳定，使得经理就更愿意固守职位。

（三）经理的领导地位

经理的领导地位是指经理在董事会中所处的地位。Boyd（1995）认为，经理是否担任董事长，对公众而言，是经理权大小的一个重要信号。在董事会内部，有董事长、副董事长和董事之分，经理在董事会中担任的职位不同，则其在董事会中所处的地位也就不同，其权利大小也就不同。如果经理兼任董事长，经理人对公司资源的使用和配置权更大，对董事会的控制力就更强，更能有效地发挥其影响力，对于有利于自身职位稳固的决策提案在董事会被通过的可能性就越大。因此，是否兼任董事长或兼任董事会中其他职务，是经理权利大小的重要体现。

（四）经理在公司内部拥有的头衔数

经理在公司内部同时拥有的头衔数多少体现了经理在公司内拥有的正式职位权限的多少。从公司发展的实践来看，经理除了可能在董事会中担任相关职位外，还可能兼任公司其他职位，包括集团公司和分公司的职位。职位权与资产处置权是相互促进、相互影响的，经理兼任的职位越多，对资产处置的权利就越大。经理由于具有了相关职位的正式头衔，比如经理担任国有企业的党组书记等职位，那么在调动相关资源和对公司资产进行处置的过程中就可获得更为广泛的正式权利，经理的权利就会越大，在很大程度上扩展了经理的自主行为空间。

第二节　经理权利对经理管理防御产生的机理分析

一　经理所有权影响经理管理防御产生的机理分析

作为公司治理中对经理具有激励作用的经理持股制度，其目的是促使经理与股东利益趋于一致，事实上证明这也是一种行之有效的方法。但随后学者们发现，经理持股虽然有助于降低代理成本，提高公司价值，但随着经理持股比例的进一步增加，经理会出现强烈的管理防御动机。具体来讲，一方面，随着经理持股比例的增加，提高了经理在公司中的投票权和表决权，使得经理对公司的控制能力不断增强，在公司决策中更有影响力；另一方面，持股比例的增加使得经理更有可能成为董事会成员，参与董事会决策，从而更容易促使董事会通过有利于自身的提案。经理对公司控制力和决策影响力的增加使得原来较为有效的约束机制效用降低，其他约束机制要发挥作用又需要付出更大的成本，这使得经理持股最初是作为解决股东与经理之间代理问题的手段，而由于持股比例的进一步增加反而成为引起经理管理防御产生的最主要的原因。

二　自主权影响经理管理防御的机理分析

经理自主权反映了经理对公司经营决策活动的实际控制和影响程度，是经理自主处理、自由决定的权利，反映了经理的自主行为空间。经理自主权之所以是经理管理防御行为产生的基础，在于自主权能够增强经理在公司内部的控制力和影响力，增大股东解雇其的成本。从前述构成经理自主权的职位权来看，经理的职位内生性地决定了经理对公司事实上的控制权，经理作为公司治理链条上的中心环节，是公司内外信息的综合性节点和信息中枢，其特殊职位地位决定了他们是公司内外部信息的接收中心和过滤、发送中心，经理不但拥有公司经营决策权，更重要的是控制着公司内部信息系统，经理比股东和董事会成员有更大的信息优势，更了解公司整体的资源使用、经营业绩情况，经理可以充分利用这种信息优势对公司的信息进行必要的加工和处理，使股东和董事会形成有利于自身的信息结构，从而促成股东和董事会做出和经理一致的决策。这种公司治理中心和信息中枢地位是经理扩大其控制力和影响力的重要基础，使经理有实施管理防御的优势。另外，从构成经理自主权的资源运作权来看，对于公司资源的使用和配置能力的大小体现了经理对公司的控制能力的大小，经理对公司资源的支配和使用能力的大小，也是公司内部治理机制设计的主要方面，体现了股东与董事会对经理权利的限制或放纵。经理对公司资源尤其是公司关键资源的处置和控制，会提高经理对股东或董事会的重要性，会影响股东和董事会对其人力资本价值的判断，经理拥有的可控资源越多，对公司的控制力就越强，就越不容易被替换。Rajan 和 Zingales（1998）研究表明，经理作为公司具体经营活动的执行人和代理人，董事会通过授权，使其拥有了处置和运用公司关键资源的权利，经理通过对关键资源进行人力资本专用性投资，形成对组织讨价还价的能力；缪荣、茅宁（2005）也认为，对关键资源控制程度的增加，不仅会增加代理人的非契约化权利，甚至会威胁到委托人的契约化权利。可见，经理自主权如果不受约束或约束程度较小，容易出现经理利用自主权实现自身利益而损害公司利益的管理防御行为。

第三节　经理非权利特征影响因素与经理管理防御

经理自主权是经理管理防御产生的基础，除此之外，经理人的非权利影响力也是经理管理防御行为的重要原因。Paquerot（1997）认为，追求管理防御的经理人在公司中寻求的是权利的展示、劳动力市场上的声誉、获得经营利润的优势三者之间以及权利和报酬之间的平衡，经理的各种权利、获利水平和经理声誉都是其管理防御的重要影响因素。Chan 等（1998）认为，经理的工作经历、个人特征会影响其管理防御行为的出现，由于自身特征、职业经历会对经理主观认知和行动后果产生影响。因此，经理的工作经历、教育程度、声誉、人格魅力、社会资本等因素同经理的权利一样构成了经理在企业中的影响力。本书将经理权利之外影响经理管理防御行为的经理社会资本、经理受教育程度等因素称为经理非权利特征影响因素。

一 经理人力资本专用性

杨瑞龙等（2001）认为，专用性资产形成后，如果把它转为别的用途，其价值会大打折扣，这种资产是一项持久性的投资，往往是为了支持特定团队而形成。团队成员行为和团队的存在决定了该类资产的价值。在与股东交易过程中，经理的谈判能力由于人力资本的专用性而下降。在交易成本的经济学中，“资产专用性”是交易成本经济学的核心概念，威廉姆森对资产专用性进行了明确的定义：“资产专用性是指在不牺牲生产价值的条件下，资产可用于不同用途和由不同使用者利用的程度”，并将资产的专用性分为场地专用性、物质资产专用性、人力资产专用性、特定用途资产专用性、品牌资本专用性和暂时性资产专用性六类。为提高特定公司业绩而持续进行的技能、知识、时间和经验等方面的投资是人力资本的专用性投资，除了反映投资对象的实践经验、专有知识和专有技能之外，还包括了组织中相互合作形成的默契、共同的价值理念、技术上的相互信任以及组织成员之间的依赖感和幸福感，这些相互之间的信任、情感、依赖等方面的因素可以极大地降低交易成本，有助于工作效率的极大提高。当离开特定组织后，人力资本专用性的价值就会大大下降。所以，一旦经理在特定的企业中花费精力掌握实践技能、相关专业知识之后，他的价值最大体现就是要处于这个特定组织，其价值随着离开组织而大大下降。并且，经理离职后需要重新进行专业知识技能的学习获取新的工作又需要成本上的付出。Gilson（1989）提出了转换工作成本，即一旦经理离职，他需要新的职业岗位，需要重新学习和提高技能所耗费的精力损失、已有的在职消费、薪酬福利、找寻新岗位的花费、其他机会成本都会发生，并且还可能带来其声誉的损失。这种专用性使得经理的人力资本价值高低取决于特定组织环境，一旦离开特定组织环境，将会对经理的职业生涯产生很大的影响，除了自身人力资本价值的大大降低外，还会增加相应的成本支出。所以，当经理的人力资本的专用性很高时，他对现有企业环境产生的依赖性会更强，更容易产生固守现有职位动机，管理防御的行为的意愿就越发强烈。

二　经理职业经历

职业经历即工作经历，反映了经理管理水平的熟练程度和专业技能的强弱，它显示了经理在什么行业、什么企业从事过什么样的工作，拥有哪方面的专业知识和从事过哪些职位的管理工作。担任的职位和行业经验越多，其工作经历越丰富，意味着其管理经验积累越丰富，专业技能越强。也意味着经理的人力资本的专用性就越弱，面临转换工作的压力就越小，离职后重新寻找工作就越容易，其固守现有职位的心理和行为动机也相对较弱。经理是否拥有较为丰富的任职经历，与经理自身的专业又有很大关系，专业的通用性越强，其任职从事多行业和多类型职业的经历就相对丰富，而专业的专用性越高，经理相对地只能在特定行业任职，任职经历的丰富度相对较弱。尽管从一般的经验看，经理自身所学专业与经理是否具有丰富的任职经历有一定的联系，但并非完全相关。总体来看，所学专业的通用性越强，接受的多元化的职业培训越多，从事的企业和行业越广泛，那么他重新寻找新工作也更加容易，花费成本更少，来自离职威胁所产生的压力就越小。

三　经理年龄

心理学的相关研究显示，不同年龄的人对风险的接受程度不同。一般的表现是，年轻人喜欢冒险，敢于挑战，对风险的接受能力较强，而年龄较大的人思想更为保守，不愿意冒险，对高风险的事情比较排斥，很多都不喜欢风险。所以，当经理年龄偏大或接近退休时，他们大多数思想保守，追求平稳，不愿意进行风险较大的项目，在日常经营决策中更倾向于低风险决策，对于那些较大风险或可能影响自身职位的风险决策非常慎重。但年龄较小的经理更喜欢选择具有挑战性的项目，他们喜欢冒险，希望通过高业绩得到同行的认可，实现自身的价值；他们更喜欢可以带来高收益的风险性项目，因为一旦这些项目成功，在带来高收益的同时，也会在经理市场上增加信誉，就算没有成功，他们也愿意承担失业风险而重新开始。此外，年龄不同的经理所处的职业生涯发展阶段不同，他们对职业发展的成就追求不一样。对于年轻的经理而言，他们处于职业生涯发展的初期或中期阶段，在这个阶段，经理更倾向于积累丰富的管理经验，体验不同行业不同企业所带来的职业经历，更希望在不同职位不同行业的任职经历能给自身提供成长机会，为以后的事业发展提供重要帮助。因此，年轻的经理对于离职威胁的压力较小，固守职位的行为动机相对较弱；相比较而言，年龄较大的经理人大多数处于职业生涯的后期或即将退休，其职业成就追求和年龄较小的经理人有很大的差别，有更多的生活和情感上的追求，虽然对目前的职业和职位还保持一定的热情，但更多的可能是对现有状态的留恋，不愿身处陌生的环境，所以，年轻经理面临的离职威胁的压力相对于年龄较大的经理而言更低。

四　经理社会资本

经理从公司外面获取相应资源的能力是对其社会资本的反映，随着这种资本的丰富，获取资源的能力也越强。赵延东（2003）发现，公司业绩一方面与社会资本和社会资源有关，另一方面，也与管理者的创新能力有关。经理人所拥有的社会资本越多，就越可能给企业带来很多的便利性的利益，如可以为企业带来重要的顾客资源及良好的社会关系。经理社会资本主要体现在企业外部团体中的兼职情况，兼职的数量越多，兼职的位置越重要，其社会资本就越多，处理公司内外部事务时可选择的路径就越广泛，使得股东解雇经理的成本增大。公司一旦解雇这样的经理，其可利用的外部社会资源就会大大减少，如可能引起公司重要客户减少，使公司的销售量下降，从而引起利润下降。因此，经理社会资本大小影响经理管理防御水平。

五　经理受教育程度

经理学历程度的高低不能完全表示其在经营管理能力方面的高低，但由于经理人市场的不对称性，股东很难预先对经理能力的高低做出准确判断，因此，在现实中，学历就成为决定经理经验管理能力高低的一项重要参考指标。Michael Spence（1973）在研究雇主对雇员选择、薪酬制度制定情况的劳动力市场模型时发现，雇员受教育程度可以起到传递信号的作用。在信息不对称的情况下，雇员的受教育程度是雇员向雇主传递出自己区别于他人的重要信号，一定程度上也是别人与自己能力的一种比较，雇主往往以此信号对雇员的能力进行分类，与高学历、高受教育程度的雇员签订高酬薪的劳动合同。Pige（1999）也认为，经理获取学历的大学越知名，其文凭与管理防御水平的显著性就越强。我国企业招聘人才时，名牌大学毕业的求职者更容易获得公司的认可，而且学历越高，重视的程度也就越大，竞争优势更为明显。可见，经理的学历高低直接影响其在经理人市场上的竞争优势，相对于高学历的经理，低学历的经理的职位竞争力较弱，越不容易获得新职位，因此低学历经理面对离职威胁时的压力更大，更愿意固守原有岗位，管理防御的意识和动机也越强。

六　转换工作成本

Gilson 最先提出转换工作成本的概念，指的是从原来岗位换到新岗位带来的机会成本和损失。他发现，美国高风险企业的高管离职有很高的个人成本，离职后的三年内基本没有在上市公司中担任重要的职位。Nagarajan 等（1995）认为，了解与掌握新的职务需要付出的努力以及转换工作过程中所造成的声誉损失是转换的成本，而且这种成本与经理的管理防御行为之间有显著关联性，转换工作成本越高的经理，面对离职威胁时压力越大，更愿意固守原有职位；进一步扩展研究范围之后，Nagarajan 等还发现，转换成本包括了解与掌握新的职务时需要付出的努力以及转换工作过程中所造成的声誉损失。对经理而言，一旦被公司解雇，必然承担转换工作成本的风险和损失，不仅包括原来高额的薪水和福利、在职消费等有形损失，还包括个人声誉、社会地位等无形损失。除此之外，经理短时间内无法找到合适职位，就算找到了也得学习新知识、新技能，这些都需要付出成本，这种成本会给经理的离职带来很大压力。所以，经理的管理防御很大程度上受其预期的转换工作成本大小的影响。

七　经理声誉

经理的职业敬业精神、管理能力、创新能力以及是否努力等信息反映的是其声誉，也是其人力资本的体现。声誉是经理的综合素质高低的一种考量，需要长期的能力、品德以及行为的累积才能反映出来。因为企业的经营过程中的不确定性非常大，所以利益相关方对经理工作的支持非常重要，而这种信任与支持的程度取决于经理的良好声誉。一旦经理有一个良好的声誉，员工会非常信任经理，股东也会认可经理的决策，且企业在获取信贷资金时也更容易，从而使得公司成本降低，经济效益增加。Kreps 和 Wilson（1982）发现，在市场上，经理讨价还价的博弈水平受到其前景和声誉好坏的影响；Jellsen 和 Murphy（1990）以及 Lambert 等（1996）认为，经理声誉较好，公司的业绩也比较好；Fich 和 Shivdasani（2007），Malmendier 和 Tate（2009）发现，良好的声誉可以提高公司治理水平。

第四节 基于经理权利和非权利特征的管理防御影响因素因子分析

一 影响因素数据获取

尽管上文阐述了经理管理防御的影响因素以及产生机理，但这些研究都是基于西方发达国家的制度背景展开的，在我国资本市场条件下，这些理论性的研究在我国的具体环境与真实环境条件下是否成立，以及对于我国的经理人员的相对管理防御具体行为的影响，仍有待于进一步验证。为了后续的研究，必须筛选那些影响经理管理防御的主要因素，来客观而准确地评价我国经理的管理防御水平。本书首先在理论分析的基础上设计了访谈提纲，在西安市选择公司中高层管理人员进行专题访谈，并对提纲中的问题提出建议，然后根据实地访谈得出的结论，与现有研究成果相结合，确定影响经理管理防御众多因素，设计初始问卷，以初始调查问卷的统计结果作为设计正式调查问卷的实验依据，对初始问卷内容进行修订，形成正式调查问卷，以正式调查问卷的调查结果作为原始数据，利用统计分析工具对原始调查数据进行统计分析，通过因子分析方法确定影响经理管理防御程度的主要因素。

（一）访谈对象的确定

本书研究的侧重点为经理管理防御影响的因素，故选择公司经理或其他高管人员。基于实际调研，本书最终选择了地处西安市的5家企业中的中高层管理者25人作为访谈的对象。

（二）访谈前期准备及访谈过程

为了保证访谈的有效进行，在正式访谈之前预先和选定的企业进行了接触交流，并依据专家的建议，将访谈提纲提前准备好（见附录1）。其中访谈在一个完全独立的房间里展开。访谈的主要内容是经理有哪些固守职位的相关举措？有何种自身因素会影响经理的职位变更？影响程度怎么样？一旦要换成其他新工作，您认为对您会形成压力吗？影响主要反映在哪些方面？您可能面临的损失主要体现在哪些方面？如果您是公司总经理，您认为总经理和董事长二者都由您来担任会对您离职产生影响吗？这种影响是增大还是减小？如果公司要为一个项目筹集资金，在没有融资约束时，您优先考虑何种融资方式？您有没有在外面兼职？如果有，兼职工作是否可能会影响您自己对企业的控制，等等。

（三）访谈结果分析

表5－1是访谈的结果。结合现有研究成果，可以发现经理管理防御的影响因素包括经理任期、经理领导力、经理社会资本、转换工作成本以及公司债权、公司规模等，这些结论与现有研究结论一样。但是也有一些因素，访谈者并不太认同，如经理受教育程度，分析的结果有很大的分歧，有的被调查者认为学历从某种程度上能说明经理的专业水平和知识层次，但当经理觉得学历已无法满足职位的要求时，可能会产生管理防御的动机，即只有在某一特定环境下，管理防御才会受学历的影响。和此类问题比较相似的还有对经理持股比例是否影响管理防御也有不同观点，这一点也是与国外研究结论的最大区别。此次访谈对象对公司的持股远低于5%，持有少量或不持有公司股票。但是国外的研究显示，当经理的持股比例居于5%—25%时，企业的价值随持股比例的上升而下降，会

出现严重的经理管理防御行为。总体而言，在正式进行调查问卷的发放以前的访谈环节，对调查问卷的合理设计有很好的补充和修正作用，但这仅是对个别假设前提的必要补充和修正，并未超出本书界限。

（四）问卷设计与发放

本书基于问卷发放来收集一手资料，以保证经理管理防御影响因素反映的准确性。为了防止被撤换而稳固自身的职位是经理管理防御的主要目的，所以，上述因素对经理职位的影响情况就是问卷设计的核心思想。为确保问卷的科学性，最开始采用半结构式访谈来确定问卷内容，这个环节实现了以下目的：对被访谈的经理的基本情况、工作经历、内部控制的约束情况、薪酬状况、目前是否存在离职压力、本人有没有出现管理防御行为以及这种行为的影响因素有哪些等问题展开详细访谈；基于此环节，从不同方面区分和描述哪些因素影响经理管理防御，并分析是不是经理管理防御导致了这些行为。在理论研究的基础上，根据调研的结果，将那些影响经理管理防御行为的因素转化为通俗易懂的题项，从而形成了本书的初始问卷（见附录2）。

考虑到实际情况，基于问卷收回可能性和就近原则，以西安理工大学 EMBA 班部分学员、山西太原、陕西西安以及甘肃兰州相关企业中高层管理人员为调查对象，发放 300 份问卷，共收回 267 份，最终形成有效调查问卷 262 份，调查问卷有效率为 87%。在整理和归纳原始问卷的数据的基础上用 SPSS16.0 软件对原始数据进行了统计分析（表 5－1），期望找出影响我国企业经理管理防御的关键因素。

表 5-1 经理管理防御影响因素访谈结果初步统计分析 单位：次，%

序号	影响因素	选择次数	所占样本比例
1	经理持股比例	1	4
2	经理任期	17	68
3	经理领导力	19	76
4	经理社会资本	16	64
5	经理人力资本对企业的特别贡献	7	28
6	董事会对经理的监控	17	68
7	经理的职业经历	14	56
8	经理专业背景	9	36
9	经理年龄	8	32
10	经理受教育程度	11	44
11	转换工作成本	19	76
12	股权集中度	14	56
13	公司绩效	12	48
14	经理对公司资源运作权的大小	17	68
15	公司规模	16	64
16	控股股东属性	18	72
17	经理声誉	12	48

二 因子分析

检验数据是否适当要在因子分析之前进行，通常用 KMO 检验法和 Bartlett's 球形检验法。判断数据是否适合因子分析标准是 KMO 值的大小，原则上是 KMO 值越接近于 1 越适合做因子分析，但 KMO 值小于 0.5 时，则不适合做因子分析。本书使用 SPSS16.0 软件对数据进行 KMO 检验和 Bartlett's 的球形检验，为了使研究结果更规范、减少误差，在进行数据分析时对相关数据进行了无纲量化的标准化处理，本书后面的数据处理也体现了无纲量化的标准化思想，在此提前做统一说明。

将标准化后的数据进行了 KMO 检验和 Bartlett's 的球形检验，表 5－2 展示检验结果，KMO 值为 0.754，远远大于 0.5 的临界标准，而且 Bartlett's 的球形检验的χ^2 值为 1375.326（自由度为 347），显著性水平为 0.000，而模型设定的显著性水平为 0.05，表明在这些数据里面存在共同因子，可以进行因子分析。

表 5－2　经理管理防御影响因素问卷数据 KMO 检验和 Bartlett's 球形检验结果

因子分析模型的总体检验（KMO）		0.754
Bartlett's 球形检验	特征值	1375.326
	自由度	347
	显著性水平	0.000

因子分析的第二步骤是提取因子的过程。利用 SPSS16.0 软件、采用主成分分析法，初次提取了 5 个共同因子，所有共同因子的累计方差贡献率总和为 89.759%（见表 5－3）。根据薛薇（2011）的观点，当因子负荷量的绝对值超过 0.3 时，所提取的因子是显著的；当提取的因子负荷量超过 0.4 时，说明所提取的因子比较重要；当提取的因子负荷量超过 0.5 时，可以确定所提取的因子是非常重要的。考虑到本书主要是发现影响经理管理防御的主要因素，因此，在因子选择上选择非常显著或非常重要的因子为研究对象，本书将因子负荷量大于 0.5 作为选取标准，并根据各个题项旋转后的成分矩阵中的相关指标来决定每个因子所包含的题项个数。因此，本书删除因子负荷量小于 0.5 的题项 7 项，分别是第 4 项、第 5 项、第 7 项、第 8 项、第 10 项、第 11 项和第 12 项。删除题项

后KMO检测值为0.926（见表5-4），说明删除题项后的数据可能更适合进行因子分析。

表5-3　　经理管理防御影响因素问卷数据累计解释变异量

主成分	初始特征值			提取的平方和载荷			旋转平方和载荷		
	特征值	方差贡献率	累计方差贡献率	特征值	方差贡献率	累计方差贡献率	特征值	方差贡献率	累计方差贡献率
1	5.693	32.357	32.357	5.693	32.357	32.357	4.436	30.894	30.894
2	3.367	24.503	56.860	3.367	24.503	56.860	3.202	24.477	55.371
3	2.922	18.371	75.231	2.922	18.371	75.231	3.154	19.693	75.064
4	1.593	9.976	85.207	1.593	9.976	85.207	2.536	9.039	84.103
5	1.212	4.552	89.759	1.318	4.552	89.759	2.246	5.656	89.795
6	0.501	2.945	92.704						
7	0.436	2.736	95.440						
8	0.351	1.811	97.251						
9	0.207	1.439	98.690						
10	0.104	0.704	99.394						
11	0.073	0.567	99.961						
12	0.006	0.039	100						

表5-4　　删除题项后经理管理防御影响因素问卷数据

KMO检验和Bartlett's球形检验结果

因子分析模型的总体检验（KMO）		0.926
Bartlett's 球形检验	特征值	1795.427
	自由度	225
	显著性水平	0.000

删除因素负荷量小于0.5的题项后，利用SPSS 16.0软件、采用主成分分析法抽取共同因素（Principal Component Analysis）和最

大方差旋转法提取特征根大于1，共提取了3个因素，累计方差贡献率为91.729%（见表5-5），能解释变量的大部分结构，说明问卷有较高的结构效度。因此，本书认为这3个因素是构成影响经理管理防御程度的主要因子，为了明确各主因子的含义，对初始因素负荷矩阵采用最大方差法做正交旋转，旋转后得到的正交因素负荷矩阵以及题项的共同度见表5-6。并把各主因子的高负荷性质变量的实际含义做了分析，对3个主因子做出以下解释：

表5-5　　影响经理管理防御问卷数据累计解释变异量

主成分	初始特征值			提取的平方和载荷			旋转平方和载荷		
	特征值	方差贡献率	累计方差贡献率	特征值	方差贡献率	累计方差贡献率	特征值	方差贡献率	累计方差贡献率
1	6.242	36.696	36.696	6.242	36.696	36.696	5.621	33.818	36.696
2	4.533	29.415	66.111	4.533	29.415	66.111	4.173	29.249	66.111
3	3.026	25.618	91.729	3.026	25.618	91.729	2.846	28.662	91.729

表5-6　　影响因素正交旋转后因子负荷矩阵

题项	主因子		
	主因子1	主因子2	主因子3
第13题	0.894	0.136	0.025
第3题	0.837	0.253	0.217
第14题	0.701	0.136	0.103
第19题	0.683	0.162	0.068
第18题	0.226	0.815	0.179
第6题	0.013	0.792	0.116
第2题	0.247	0.686	0.218
第1题	0.326	0.573	0.143
第20题	0.148	0.504	0.291

续表

题项	主因子		
	主因子 1	主因子 2	主因子 3
第 9 题	0. 193	0. 254	0. 791
第 17 题	0. 207	0. 186	0. 706
第 16 题	0. 174	0. 263	0. 677
第 15 题	0. 227	0. 104	0. 633

注：方法：主成分分析法；旋转方式：正交旋转，6 次迭代。

主因子 1：经理任期和经理在董事会是否有兼职的情况、经理在他们公司的内部拥有的各种职位头衔以及对一个运营较好的公司资产处置权等重大问题题项，为经理权的一个因素。

主因子 2：包含了经理人的特征如年龄、转换工作产生的各种成本、教育的相关背景、经理人在公司外部的社会兼职情况以及经理人的声誉等题项，故将其确定为经理管理的非权利影响特征因素。

主因子 3：包含董事会的内部监督、控股股东的权利属性、股权集中度是否较高以及公司规模大小等题项，为公司的具体特征及治理的因素。

第五节　经理权利和非权利特征与再融资方式的典型相关分析

一　研究设计与变量定义

尽管经理管理防御研究的起因是基于企业业绩与经理持股比例之间的分析，且持股问题也是经理管理防御研究的切入点，与西方国家经理持股 5%—25% 的比例不同的是，我国企业经理人的持股比例普遍较低，甚至没有持股，但是经理管理防御的现象却比国外企业表现得更明显。说明我国企业中的经理管理防御行为无法简单地以经理持股比例来解释，除了经理持股比例之外，还有其他影响此种行为的因素。Shleifer 和 Vishny（1988）发现，这种行为除了受表决权的影响之外，与经理个性、职位都有关。Paquerot（1990）发现，经理自主权较大，所以当其与股东有利益冲突时，会出现经理管理防御行为；经营的能力、权利以及声誉这些因素对经理管理防御的产生有重要影响。根据第三章的分析，以下以经理的非权利和权利的特征为切入点，分析我国的上市企业里，经理管理防御对企业再筹资的影响。

（一）再融资结构变量设计

内部再融资、股权再融资以及债务再融资是我国上市公司再融资的主要方式。其中，增发股份和配股构成股权融资方式，在增发股份时，可选择定向增发，也可选择公开增发；在债券融资时，可以采用信托融资，也可以采用银行借款或是发行债券等方式。在本书中，上市公司的再融资结构包括股权再融资度（Y_1）、债权再融资度（Y_2）、内部再融资度（Y_3）。

（二）经理权利和非权利特征变量设计

理论上，经理的权利来自董事会的授权。但实际情况是，由于契约的不完备性，经理在大多数情况下结合实际情况自主做出相应决策、处理公司事务，这就使得其实际掌握了大于理论上的权利。此外，为保障决策的效率，在激烈的市场竞争中，经理也应当掌握更多自主权。具体来看，经理权利包括自主权和所有权。其中，所有权是以股东的身份拥有的权利，自主权则包括资源运作权和职位权（张长征等，2008）。职位权依附于经理职位，随着职位的拥有而产生权利，一旦离职，该项权利也丧失；资源运作权则是支配企业资产的权利，该项权利越大，经理越容易控制和影响公司，管理防御能力就越强，对再融资方式的选择影响就越大。

经理权利的变量以经理持股比例（X_1）、经理领导力（X_2）、货币资金比（X_3）以及经理任期（X_4）来体现。持股比例是经理所有权大小的体现。经理的个人意志在整个企业的决策中产生的影响反映的是其领导力，如果经理还在董事会中兼任其他职位，那么他和别的董事具有不同的影响力，尤其是当经理兼任公司的董事长时，则会使这种影响力达到最大化[①]。所以，能够体现经理对企业影响力广度的是他是不是也兼任了其他企业的高管，经理的领导力随着兼任职务的重要性而增加，相应的防御能力也会增强。经理的资源运作权可以用货币资金比来反映。一般来说，经理对资产处置的权利限制在流动性资产，固定资产的处置一般不在经理的权限之内，因此其资源运作权的大小反映在流动资产上。经理权利的延伸随着其任期的增加而更广泛，对董事会的影响也越大；同时，其地位也随着任期的增加而巩固，其管理防御的能力和控制力也在增强。Allen 等（1982）认为，经理任职期限与权利大小呈现显著的正相关；Berger 等（1997）认为，经理任职期限越长，其内部控制的可能性也越强。

经理年龄（X_5）、经理专业背景（X_6）、经理的职业经历（X_7）、转换工作成本（X_8）等因素是影响其管理防御的主要非权利特征的因素。Rosen 和 Eaton（1983）认为，经理年龄会影响其风险态度。人力资本专用性可以用经理的工作经历和专业背景反映。袁春生、杨淑娥（2008）认为，当经理的人力资本专用性较强时，代表着其

---

① 吕易：《管理防御下的上市公司现金股利实证研究》，《财会通讯》2011 年第 3 期。

离职以后的价值减损较高，也代表了较高的转换工作成本，从而带来更强的管理防御动机。Gilson（1989）提出转换工作成本的概念，即从原来岗位换到新岗位的机会成本和损失。Nagarajan（1995）扩展了其范围，将经理熟悉和学习新工作的付出、声誉等因素也纳入转换工作成本范围。个人知识的通用性在很大程度上通过专业背景来反映，经理的知识通用性越强，则其具有较低的转换成本。一般来说，经理的背景是工科时的知识通用性要弱于经济管理学背景的经理。经理以前从事过的行业的数目是其职业经历，它反映的是工作经验的丰富程度，随着经理职业经历的增加和复杂化，经理的转换工作成本越低，防御程度也越低；经理的管理防御动机和程度与转换成本正向变化。本书以经理薪酬和在职消费来代表转换成本的大小，这是因为声誉、转换工作过程的机会成本等影响因素不容易度量，具体见表 5－7 所示。

表 5－7　　变量相关说明

	代码	变量名称	变量定义及操作说明	注
公司再融资结构变量	Y_1	股权再融资度	配股和增发新股融资额/融资总额	
	Y_2	债权再融资度	长期借款、短期借款、债券融资额之和/融资总额	
	Y_3	内部再融资度	（净利润－已付红利）/融资总额	i
经理权利和非权利特征变量	X_1	经理持股比例	总经理持股数/总股本	
	X_2	领导力	兼任董事长取2，兼任副董事长或其他高级职务取1，其他取0。取值越大，表示管理防御程度越高	
	X_3	货币资金比	货币资金/资产总额	
	X_4	经理任期	继任年度到离任年度之差；如未离任则为继任年度到报告年度之差	ii

续表

	代码	变量名称	变量定义及操作说明	注
经理权利和非权利特征变量	X_5	经理年龄	小于45岁赋值为0，45—55岁赋值为1，大于55岁赋值为2	
	X_6	经理专业背景	工科+经济管理学背景赋值为0，经济管理学背景赋值1，工科背景赋值为2	
	X_7	经理职业经历	从业行业数大于3赋值为0，小于3赋值为1	
	X_8	转换工作成本	(薪酬+在职消费)/主营业务收入(在职消费=招待费+差旅费+办公费+通讯费+培训费+小车费+会议费)	ⅲ

注：ⅰ：如果当年公司净利润为负，则定义内部再融资为0。ⅱ：经理任期以实际累计任职月数计算。ⅲ：由于经理在公司的在职消费这一项目产生的费用一般要记入当期损益，如管理费用的项目，因而管理费用的年度数据最终反映了公司的组织效率和企业管理者的在职消费水平的相关情况。由于样本公司里面仅有少数公司能够较准确地计量发生的招待费、差旅报销费等相关项目，因此，本书吸收了王满四（2006）研究观点，用管理费用与平均资产总额的比值来度量在职消费在管理费用中比例。

（三）研究方法

由于本书研究属于两组多变量之间的相互关系，因此选取最常用的典型相关分析方法作为本书的研究方法。典型相关分析是在主成分分析和因子分析的基础上进一步的发展，对于处理两组多变量之间的影响关系更加方便和可靠，由于本章的主要目的是研究经理权利和非权利特征这一多变量组对公司再融资方式多变量组的影响关系，因此，选用典型相关分析更能清楚可靠地分析经理权利和非权利特征多变量因素对于公司再融资方式选择影响的相关程度。

（四）数据来源

本章以2011年到2015年为时间的研究窗口，选取当年有股权再融资的公司为研究样本，来研究经理的权利与非权利特征对三种再融资方式的影响。由于ST、PT类公司的财务状况异常以及金融类公司的特殊性容易影响研究结论，所以在样本公司中剔除了相关金融类和 ST、PT 类公司的数据，考虑到同时发行 B 股、H 股的公司数据会在一定程度上受 B 股、H 股市场的影响，剔除了同时发行 H 股、B 股的样本公司，对数据不全的样本公司也进行了剔除，最后总共得到 285 家公司数据作为本章的研究样本。由于经理自身特征变量有些无法从现成的数据库中取得，主要根据上市公司年报相关信息和新浪财经网（http：//finance. sina. com. cn）整理，其他来源于 CCER（色诺芬）和国泰安数据库，软件使用 SPSS16. 0。

二　研究假设检验

使用 SPSS16. 0 中的 MNOVA 命令进行典型相关分析，结果如表 5 – 8 所示：

表 5 – 8　　特征值与典型相关系数及 F 近似检验

序号	特征值	百分比	累积百分比	典型相关系数	相关系数平方	F 检验值	显著性
1	0. 6930	0. 7307	0. 7307	0. 8907	0. 7933	7. 7126	0. 032
2	0. 3962	0. 1896	0. 9203	0. 6994	0. 4891	4. 2088	0. 037
3	0. 1118	0. 0797	1. 0000	0. 2892	0. 0836	1. 6008	1. 741

由表 5 – 8 可知，第一个和第二个变量的典型相关系数处于较高水平，反映了相应典型变量之间的关系显著相关，且均通过了模型假设检验（p = 0. 05），说明采用经理权利和非权利特征变量组能够完全解释再融资结构变量组的相关变化。

三　典型相关分析模型

由表 5－8 可以看出，由于前两对典型变量（U，V）的累积特征根已经占了总量的 92.03%，因此只需利用前两个典型相关模型就可反映全部问题。鉴于原始变量的计量单位不同，不宜直接比较，本章采用标准化的典型系数，根据程序输出结果，给出典型相关模型，如表 5－9 所示：

表 5－9　　典型相关模型

模型 1	$U_1 = 0.024X_1 + 2.734X_2 - 0.176X_3 + 2.863X_4 + 2.157X_5 + 0.071X_6 - 0.718X_7 + 3.192X_8$
	$V_1 = 1.752Y_1 + 0.721Y_2 - 0.414Y_3$
模型 2	$U_2 = 0.129X_1 + 0.376X_2 - 0.673X_3 + 0.121X_4 + 0.262X_5 + 0.624X_6 + 1.983X_7 + 0.631X_8$
	$V_2 = 0.369Y_1 + 1.254Y_2 - 0.039Y_3$

由表 5－9 第一组典型相关方程可知，经理领导力（X_2）和经理人任期（X_4）在很大程度上反映了经理权利因素变量，典型载荷分别为 2.734 和 2.863，而反映经理非权利特征变量的主要是转换工作成本（X_8）和年龄（X_5），典型载荷系数分别为 3.192 和 2.157，这说明经理领导力和任期变量是体现经理自主权利的主要变量，而转换工作成本和年龄变量是体现经理非权利特征的主要变量；第一典型变量 U 与 V 呈高度相关，说明公司再融资结构中，股权再融资为主要方式，债权再融资和内源再融资相对较少。结合表 5－8 的分析结果，第一对典型相关变量的相关系数达到 0.8907，并通过

相关的检验，说明经理领导力（X_2）、经理任期（X_4）、转换工作成本（X_8）和经理年龄（X_5）与股权再融资度（Y_1）有较强的正相关关系。

从第二组典型相关方程可以看出，反映经理资源运作权利大小的货币资金比（X_3），反映非权利因素的经理职业经历（X_7）典型载荷系为分别为 -0.673 和 1.983，说明货币资金比和经理职业经历也在一定程度上反映了经理权利与非权利特征，但影响较小；V_2 与 Y_2 呈高度相关，说明债券再融资是在首选股权再融资后的主要方式，且 X_3 和 X_7 对负债融资有一定的影响力，X_3 对负债的影响力反向变化，X_7 对负债的影响力正向变化。总体上反映经理权利与非权利特征的主要因素按重要程度依次是 X_4、X_8、X_2、X_5、X_7、X_3，反映再融资结构的主要因素按重要程度依次是 Y_1、Y_2。

四　结构分析

对因变量组和自变量组之间的关系，通常可以用它们各组所采取的变量之间的联系来替代，导致这一结果的原因是随机变量中组内之间的关系协方差为零和典型变量中组与组之间的关系协方差也为零。因变量组与自变量组之间的关系是在此分析结果中所提出的变量载荷的具体含义的相关体现，相关分析的主要结果，见表 5 -10 所示。

表 5-10　　结构分析（典型负载系数与交叉负载系数）

	X_1	X_2	X_3	X_4	X_5	X_6	X_7	X_8	Y_1	Y_2	Y_3
U_1	0.676	0.870	0.724	0.906	0.837	0.613	-0.706	0.846	0.887	0.581	0.477
U_2	0.26	0.158	0.767	0.298	0.331	0.226	0.859	0.197	0.284	0.621	0.167
V_1	0.784	0.901	0.831	0.912	0.847	0.741	0.883	0.893	0.913	0.792	0.694
V_2	0.481	0.532	-0.167	-0.214	0.248	0.197	0.289	0.173	0.244	0.836	0.197

注：U_1、U_2 分别表示经理权利与非权利特征第一、第二典型变量；V_1、V_2 分别表示再融资结构的两个典型变量。

第一典型变量 U_1 与 X_8、X_2、X_5、X_4 高度相关，与 X_7、X_3 中度相关，说明经理任期、转换工作成本、经理领导力、经理年龄、经理职业经历、货币资金比对经理权利与非权利特征有较高的解释能力，其中前四者最为显著。再融资结构第一典型变量 V_1 与 Y_1 相关程度较高，与 Y_2 呈中度相关，说明这两种再融资方式对再融资结构有较密切关系。由于第一典型变量之间的高度相关，导致经理权利与非权利特征组中主要变量与再融资结构组第一典型变量相关程度较高，而再融资结构组主要变量与经理权利与非权利特征组第一典型变量也呈较高相关关系，这种一致性也体现了经理权利与非权利特征对再融资结构的影响。

五　冗余分析与解释能力

冗余系数是一组变量当中形成的典型变量对另一组观测变量总方差的解释比例，是一种组间交叉共享比例。第一典型冗余表示一变量组的方差被其自身典型变量解释的百分比，第二典型冗余表示一组变量的方差被对方典型变量解释的平均比例。根据程序输出结果，其中典型变量（U_1、U_2）、（V_1、V_2）的第一典型冗余为（0.721，

0.133）和（0.707，0.012），第二典型冗余表示一组变量的方差被对方典型变量解释的平均比例，典型相关系数的平方表示两组典型变量间享有的共同变异的百分比，可进一步分解为各自的解释能力，将“解释能力”乘以典型相关系数的平方，即第二典型冗余分别为（0.572，0.065）及（0.561，0.006）。可以看出，两对典型变量 U_1、V_1 和 U_2、V_2 均较好地预测了对应的那组变量，交互解释能力也较强，第一、第二典型冗余均达到90%以上，第一典型变量中，经理权利与非权利特征与再融资结构被自身解释的比例分别为72.1%和70.7%，被对方典型变量解释的比例分别为57.2%和56.1%，反映两者之间较高的相关性。

六 实证结果的分析与讨论

根据上述典型相关分析的结果，上市公司再融资方式的首选是股权融资方式，经理权利与非权利特征对再融资方式选择有较强的解释力，这也验证了公司股权融资偏好的融资实践。另外也说明了经理作为公司关键资源配置权的直接拥有者和财务行为的重要决策者对再融资方式选择的影响。具体结论可以归纳为以下几点：

第一，股权再融资的可能性随着经理影响力和领导力的增强而增加。研究结果说明，经理领导力（X_2）、经理任期（X_4）这些权利特征的变量的典型载荷分别为2.734和2.863，和股权再融资的相关性非常显著。在现实中，经理的领导力和影响力也随着其兼任其他高级职务特别是董事长而提升，控制董事会的能力也增加，从而有利于通过自身有益的提议，使得董事会的监督约束机制大打折扣；经理的权利随其任期的延伸而增加，内部控制机制对经理的影响越小，经理更有可能进行管理防御。基于行为结果，一旦经理有了管理防御的动机，那么为了缓解利息支付的财务压力，为了减少财务困境情况下的被解雇成本，经理更加喜欢股权再融资。

第二，公司再融资方式不受经理持股比例的影响。实证显示：再融资结构与经理持股比例的相关性较低，解释力不强。这可能是由于我国的企业经理人大都持股比例偏低或不持股，远远未达到5%，经理代表的投票权影响力很小。国外研究发现，当经理持股比例居于5%—25%时，随着持股比例的增加，经理的影响力和表决权增加，其对企业的影响力越大，越容易出现管理防御行为，从而可能做出有损于企业价值的行为。但目前在我国企业中，经理整体持股比例偏低，所以该因素并不是导致经理管理防御产生的主要原因，所以也不会明显影响公司的再融资方式。

第三，转换工作成本、经理年龄、经理职业经历等个人特征对于公司再融资方式有很强的影响作用。转换工作成本越高、经理年龄越大，则选择股权再融资的可能性越大，而经理职业经历越丰富、能力越强，选择股权再融资的可能性越低。转换工作成本代表了经理面临离职威胁或压力的大小，转换工作成本越低、能力越高的经理将比转换工作成本高、能力差的经理有更多的投资获利机会，公司发生财务困难的概率要低一些，因此有可能选择高负债经营，从而选择负债融资的意愿会更强一些。相对来说，低能力者和具有较高工作转换成本的经理由于对负债风险有着高度的敏感性，所以更有动机选择股权再融资以自我防御。

本章小结

基于前文分析，本章认为经理的权利和非权利特征是影响其管理防御的基础。经理持股体现了其所有权，但在我国企业中，它并不是管理防御行为出现的主要因素，主要因素是经理的自主权；同时经理管理防御也受经理非权利因素的影响。扩展了 Westphal（1999），Fama 和 Jensen（1983）基于经理所有权的管理防御的内涵，增强了管理防御适用性的理解和理论上的解释力度，对于理解管理防御的成因、降低这种行为产生的代理成本、加强公司治理具有很重要的价值。基于问卷、访谈、因子分析等方法，提取 3 个影响我国企业的经理管理防御水平的因子，通过选取经理权利和非权利特征因素的变量，分析企业的再融资方式如何受经理权利和非权利特征因素的影响。结论表明，所有权并不是我国企业经理人管理防御的原因，而经理非权利特征因素，如经理年龄和转换工作成本，对公司再融资方式选择的影响力较强。因此，出于避免离职威胁的经理管理防御行为会在很大程度上影响企业的再融资决策，经理的非权利和权利特征因素对其影响越强，就会越偏好股权融资，这也为后续的研究提供了一定的数据支持。

第六章　经理管理防御对公司资本结构形成路径的影响研究

公司资本结构的形成是公司微观经营管理层面与宏观金融体系层面各种因素共同作用的结果，是公司融资策略与一定外部资本市场制度相融合的产物。资本结构作为一个存量概念，是公司长期融资活动积累的结果。公司融资活动受不同因素制约，经理作为公司关键资源配置权的直接拥有者和财务行为的重要决策者，在公司经营活动中发挥着重要作用，经理的行为意向和动机必将影响公司融资活动，最终对资本结构的形成路径产生影响。因此，研究企业的资本结构路径形成问题，不可能避开经理管理防御对其产生的影响作用。因此，本章尝试从经理个人融资意向入手，在经理管理防御的新视角下，应用社会心理学的计划行为理论，对我国上市公司的资本结构形成路径进行解析，并对该路径的形成进行实证检验。

第一节　理论基础和基本模型

前述相关文献及论述已表明经理管理防御对企业融资方式选择有重要影响，资本结构作为企业长期融资活动积累的结果，其路径形成过程中必然受到经理行为态度的影响。社会心理学相关研究认为，态度决定个体行为是不容置疑的。对于处在现代公司治理链条中心环节的经理来说，期望选择哪种融资方式的态度必然会对企业融资决策产生影响，进而影响企业资本结构路径的形成。接下来，本章就相关社会心理学中的计划行为理论做一简要阐述，为本章的研究提供理论基础。

一 计划行为理论基本内容和基本模型

社会心理学是研究态度与行为关系最为成熟的学科，而其中最著名的是计划行为理论（Theory of Planned Behavior，TPB）。该理论认为行为态度决定行为意向，人的行为是经过深思熟虑的计划的结果，预期的行为结果及结果评估又决定行为态度。根据 TPB 理论，人的行为模式受到三方面的因素影响，分别是个人行为态度（Attitude toward The Behavior）、主观规范（Subject Norm）、知觉行为控制（Perceived Behavior Control），当人们身处具体的环境或计划中需要对行为做出改变时，以上三方面的影响至关重要。具体来讲，计划行为理论的主要观点和基本模型如下：

计划行为理论指出：人的行为是直接受到大脑意向的影响，而人在不同的主观态度、判断、行为能力控制下会做出不同的行为，所以行为意图会转换过来受到行为态度、主观规范和知觉行为控制的影响。接下来，行为意向会同样作用到人类活动的实际行为（Ajzen，1986）。主要观点有：（1）个人行为不仅仅受个人控制的资源、机会以及经验能力的影响，其行为结果也相应地受到个人意向的干扰。（2）行为意向也会受个人行为态度、主观规范和知觉行为控制的影响并与其成正比；（3）在日常生活中个人的行为习惯以及社会背景文化、宗教文化等因素也间接地影响着行为意向，通过对其行为感官的间接性影响最终影响行为意向（段文婷等，2008），基本模型如图 6－1 所示。

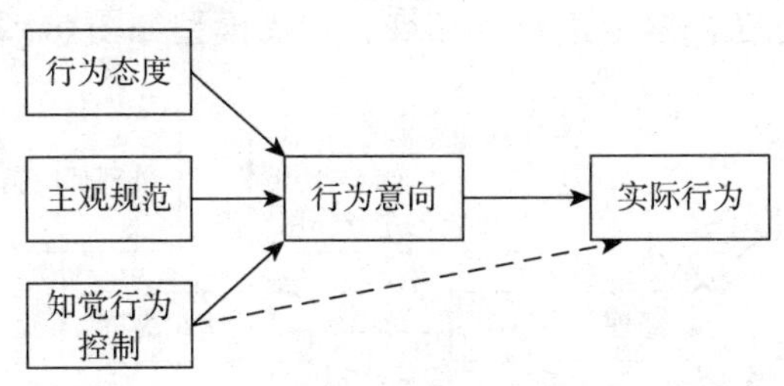

图 6－1　计划行为理论结构模型

计划行为理论在国外作为一种成熟理论，已被成功应用于相关行为理论研究领域，其研究结论对于解释和预测个体行为结果有明显的优势。由于现代公司经理人不仅是公司关键资源配置权的拥有者，而且是公司财务行为的重要决策者和执行者，符合计划行为理论的个人主体特征，因此，将其作为本书研究的主要理论支点。

二　基于经理管理防御的计划行为理论拓展模型

由于经理的个人行为意向只是个人基于内外部环境而产生的一种意识状态，没有上升为企业组织层面，因此需要拓展模型的内容，将经理个人行为意向上升到企业组织决策层面。经理的个人行为意向上升为企业组织决策是通过经理在企业中的控制地位来实现的，尤其是国有背景的上市公司“内部人控制”现象严重，造成所有者缺位，经理成为实际上的公司控制人，不仅握有决策权，还直接掌握公司的经营管理权，利用这种主导性作用，经理可以很容易地将个人行为意识上升为企业组织决策。经理会利用自身对企业的控制能力，将个人行为意向转化为组织决策，但组织决策能否顺利转化为组织的最终行为，还与企业外部环境有关。基于以上分析，本章对计划行为理论在内容上进行了拓展，拓展模型如图 6－2 所示。

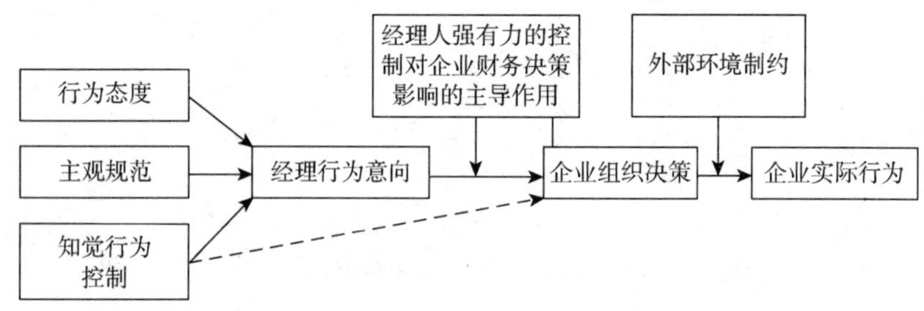

图 6－2　基于经理管理防御的计划行为理论拓展模型

三　基于经理管理防御的公司资本结构形成路径模型

既然行为意向是影响行为最直接的因素，那么经理个人融资意向必将影响经理融资行为，因此可以推断经理的个人行为态度必然影响公司的融资途径，所以本章把经理个人的融资意向作为重要研究方面。经理在管理防御的假设下的个人融资意向只是停留在表面意识中，是公司融资过程的一个起点，是停留在个人的思维表面的活动意识，还需要将其过渡到组织活动层面，通过经理个人对公司的控制和决策的影响力来实现。具体来讲，经理对公司资本结构影响的形成过程包括融资意向形成、融资方案决策、融资活动开展直至资本结构的形成。

图 6－1 的模型中，个人行为参数的变量有行为态度、主观规

范、知觉行为控制，因此，如果要全面了解经理的融资过程，需从上述这三个方面着手。

（一）行为态度

行为态度是个体对执行某特定行为喜爱或不喜爱程度的评估，个体拥有大量有关行为可能结果的信念，称为行为信念，它使人的行为具有倾向性。对于经理来说，如果丧失了经营控制权或者被迫离职，将会存在权利丢失的威胁和产生离职后的转换工作成本，因此，经理具有加强职位稳固的管理防御意识。因为债务融资的利息成本远远高于股权融资，所以还本付息成本的难度加大了公司因破产清算经理被解雇的风险，因此经理融资偏好是股权性融资而非债务性融资。经理行为态度的影响大多表现在经理是否有能力、重新寻找工作所耗费的成本、职业背景、从业经验以及对企业控制权的追逐等方面。

（二）主观规范

主观规范是指个体在执行某特定行为时感知到的社会压力，它反映了重要他人或团体对个体行为决策的影响。经理在执行融资决策时最主要的压力来自董事会，压力的大小取决于以下因素：第一，董事会的监督效率和董事会中外部董事的规模。尽管在公司外部竞争环境中，外部接管机制、机构持股比例以及大股东在公司所有权中的地位都是重要的治理机制，但股东监督经理还是主要通过董事会。因此，董事会监督效率高时，经理作出融资决策的压力就大。更重要的是，公司董事会内部成员的组成、成员的独立性以及监督职能的有效性都会影响经理的决策。其中外部董事比重越大，董事会的决策独立性水平越强，经理在公司中所感受到的压力也就越大，这样就对公司正确的经营更有利，而对维护经理自身职位的稳固不利。第二，经理的领导力和任期。经理兼任不同的职务时，尤其当兼任董事时，对董事会影响力会更大。当然，一般在公司内部监督体系完善的情况下不允许兼任数职。另外，经理的任期越长，对企业的财务、经营、资产越了解，相应的经理的权利也会越大，越容易控制董事会的结构；同时，经理的职位也会随着任职期限增长而越来越稳定，在公司选举新的董事时，经理会选择和自己关系融洽、能给自己带来利益的董事，借机剔除反对自己的一些董事，使自己的融资提案更容易被董事会通过。

（三）知觉行为的控制

知觉行为控制是指个体感知到执行某特定行为容易或困难的程度，它反映的是个体对促进或阻碍执行的行为因素的知觉。对经理而言，影响其对融资知觉行为控制的因素有两个方面：其一，公司自身的资本价值所创造的最大融资限度。具体有企业规模、企业信用状态、可抵押的资产的可辨认价值、可利用企业担保资源等，这些都属于企业的内部影响因素。其二，外部市场发挥作用所提供的一些外部融资机会。如筹资的机会、贷款信用筹资机会及民间金融直接筹资机会，都是外部因素。相比较，融资活动的实现，内部因素显得更为重要。本章为简化处理，外部融资机会不作为独立影响因素分析。

（四）经理个人融资意向上升为公司融资决策的过程

经理个人融资意向上升为公司融资决策的过程是通过经理作为公司关键资源配置权的直接拥有者和财务行为的重要决策者的主导作用实现的。虽然公司法规定：董事会负责公司融资方案的制定，股东大会负责公司融资方案的审议、批准、决议，以保证融资决策程序的合理性，但实际上，公司最初融资议案是由经理层提出和生成的。由于在公司的经营管理实践中，经理作为公司治理链条上的中心环节，是公司内外信息的综合性节点和信息中枢，其特殊地位决定了他们是公司内外部信息的接收中心和过滤、发送中心，而且随着经理控制力的加强，经理不但拥有公司的经营决策权，而且更重要的是控制着公司内部信息系统，经理比股东和董事会成员有更大的信息优势，更了解公司整体的资源使用、经营业绩情况，经理可以充分利用这种信息优势对公司融资决策的原始信息进行必要的加工和处理，使股东和董事会形成与自己融资意向相吻合的信息结构，从而促成股东和董事会对公司融资决策做出和经理融资意向相同的判断。另外，由于我国上市公司尤其是国有背景的上市公司“内部人控制”现象严重，造成所有者缺位，经理成为实际上的公司控制人，不仅握有决策权，还直接掌握公司的经营管理权，利用这种权利，经理可以直接促成有关融资决策。由此可见，上市公司经理在融资决策过程中实际上处于主导地位，经理依靠这种主导地位，很容易将个人融资意向上升为公司融资决策。综合上述分析，理论上推导出基于经理管理防御的公司资本结构形成路径，如图 6－3 所示。

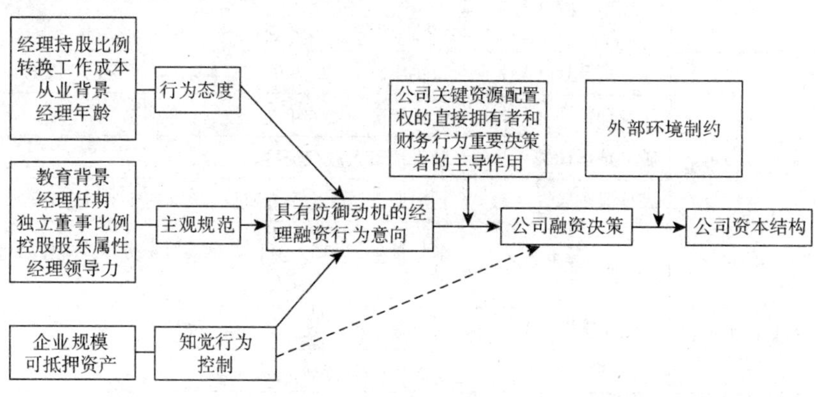

图 6－3　基于经理管理防御的公司资本结构形成路径模型

第二节　资本结构形成路径实证检验

一　变量设计

本章变量设计是基于前述相关理论分析，结合结构方程在样本量与待估参数之间的比例要求，考虑测量指标的可获得性之后确定的，具体设计如表6－1所示：

表6－1　资本结构形成路径实证检验变量设计

潜变量	测量指标	定义及操作说明
资本结构（η）	资产负债率（Y_1）	负债总额/资产总额
	长期负债率（Y_2）	长期借款/（长期借款＋股东权益）
	总借款比率（Y_3）	借款总额/（借款总额＋股东权益）
行为态度（ξ_1）	经理持股比例（X_1）	总经理持股数/总股本
	转换工作成本（X_2）①	（薪酬＋在职消费）/主营业务收入
	从业背景（X_3）	从业行业数大于3赋值为1，小于3赋值为2
	经理年龄（X_4）	小于45岁赋值为1，45—55岁赋值为2，大于55岁赋值为3
主观意识规范（ξ_2）	教育背景（X_5）	1. 高中以下；2. 专科；3. 本科；4. 硕士；5. 博士
	经理任期（X_6）	继任年度到报告年度之差的自然月数
	独立董事比例（X_7）	独立董事人数/董事会总人数
	控股股东属性（X_8）	控股股东属性为国有赋值为2，其他赋值为1
	经理领导力（X_9）	兼任董事长取3，兼任其他高级职务取2，其他取1
知觉行为控制（ξ_3）	企业规模（X_{10}）	资产总额取对数
	可抵押资产（X_{11}）	（存货＋固定资产）取对数

注：①由于经理在职消费项目一般计入管理费用项目，因而管理费用指标反映了公司组织效率和管理者在职消费的情况。由于样本公司只有少数公司能准确计量招待费、差旅费等相关项目，本书借鉴了王满四（2006）、罗进辉等（2009）的研究观点，用管理费用/平均资产总额来度量在职消费在管理费用中的比例。

二　样本选取及选取原则

我国上市公司的融资从开始分配股利到增加股利的发行，它是一个逐渐演变的过程，政策表现出阶段性的特点，在 1998 年之前我国上市公司融资仅仅依靠期权融资，1998 年之后我国公司股份派发从单纯的增发逐渐增加了公开增发，2002 年之后融资的主要方式就变成了公开增发。为了尽可能消除融资的市场政策变化及 IPO 带来的影响，本章以 2012 年沪市上市公司的经营性数据作为主要的研究样本，剔除了 2002 年后上市的公司，并且也同样剔除经营业绩差的 ST 类公司；在 2012 年 12 月 31 日之前，由于金融类业务的特殊性质，B 股和 H 股对 A 股上市公司有影响，删除了这两类在 A 股的上市公司。然后剔除了经理任期不超过 3 年的样本，共得到 187 个样本。之所以将经理任期作为样本筛选原则，是因为公司法中规定，经理的任期为三年；另外，经理在公司的任职时间越长通常被理解为对公司的控制力加大以及缺乏董事内部的监督，经理防御程度越大。Allen，M. P. （1982）认为任期越长的经理的权利也越大，Berger，P. G. （1997）也认为随着经理的任职期限增加内部控制权利也将会增加。相关财务数据和公司治理数据来源于 CCER（色诺芬）数据库和国泰安数据库，其他数据根据上市公司年报披露和新浪财经网整理获取，结构方程模型的软件使用 AMOS 8.0。

三　模型拟合与比较

在运用结构方程模型时，需要进行模型的拟合度评价，主要是从各方面来评价理论模型是否能解释实际观察到的资料，或者说理论模型与观察资料间一致性的程度。对模型的评价主要是以显著性水平χ^2值作为考量的标准，在χ^2值不显著时是最为理想的形式；此外，在统计学应用中还发展了很多研究拟合度的指标，例如，主要包括近似误差的均方根（RMSEA）、规范性拟合指数（NFI）、拟合优度指数（GFI）、比较拟合指数（CFI）等经常使用的评价指标。

表6-2列出了理论模型与修正模型两者的结果，其中理论模型的p值小于0.05这个临界值，临界值的范围也叫拒绝域，在拒绝域内就意味着模型被拒绝，需要再进一步去改正直到达到临界值。通过删除因子载荷较低的“经理的持股比例”（X_1）和残差为负值的“教育背景”（X_5），然后再一次做出计量模型估计，最新的数据显示：χ^2的p值为0.303是大于0.05，位于拒绝域外，表明新修订的模型没有被拒绝；同时，其他指标结果也表现为良好，χ^2/df的值是1.529，小于2，而NFI = 0.937、GFI = 0.942、CFI = 0.982，均大于0.9，RMSEA = 0.041，小于0.05，因此从整体上看，重新修正后的模型比实际的更符合情况，并经过AMOS 8.0软件计算分析，得到的标准化系数（图6-4所示）和t检验结果（图6-5所示）。

表6-2　　模型拟合度统计指标值

模型	χ^2	df	χ^2的p值	χ^2/df	RMSEA	NFI	GFI	CFI
理论模型	172.42	73	0.000	3.053	0.071	0.898	0.896	0.899
修正模型	81.34	51	0.303	1.529	0.041	0.937	0.942	0.982

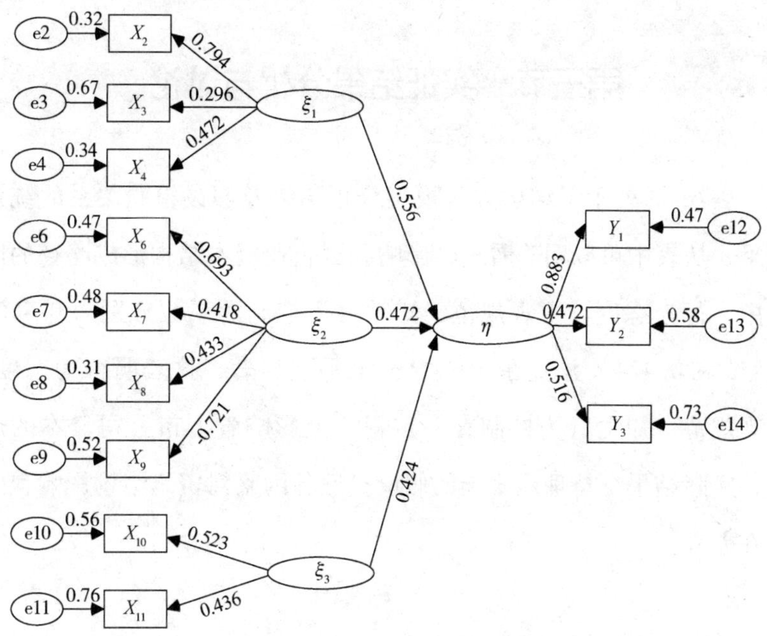

图 6-4　结构方程模型标准化解

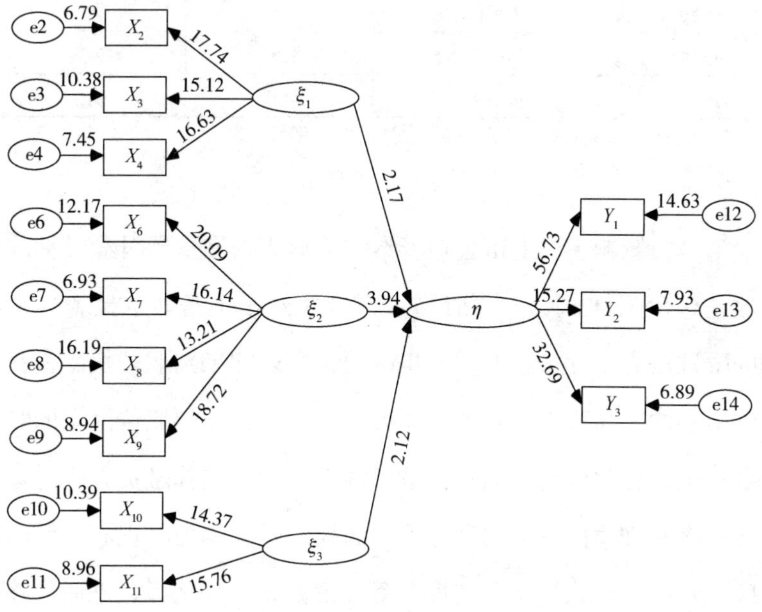

图 6-5　结构方程模型 t 检验

第三节　实证结果分析与讨论

表6－3列示了结构方程模型分析结果及假设检验关系的统计结果。从表中可以明确看出，影响我国企业资本结构形成路径的因素中，行为态度、主观规范、知觉行为控制的系数分别为0.556、0.472和0.424，并且在5%、1%水平上显著，这表明行为态度、主观规范、知觉行为控制在一定程度上影响着上市公司资本的形成，实际结果支持理论推导的假设，但各因素对资本结构影响程度存在差异。

表6－3　　结构方程的t检验结果

假设关系	标准化参数估计值	t值	结果
$\xi_1 \to \eta$	0.556	2.17	支持*
$\xi_2 \to \eta$	0.472	3.94	支持**
$\xi_3 \to \eta$	0.424	2.12	支持*

注：*表示在5%水平上显著，**表示在1%水平上显著。

第一，影响主要上市公司资本结构形成的最重要因素（标准化系数是0.556，t＝2.17，估计参数在5%水平上是非常显著）是经理的融资行为态度。这就进一步说明，经理如果离职转换工作，考虑到引起的较高成本、声誉等损失，经理有强烈的职位固守的管理防御动机，在条件允许的前提下，现有经理在选择融资方式时普遍存在一个心理倾向，即用自己手中的权利及控制力实现心理倾向向实际融资决策转化，从而使得融资决策偏离最优选择，进而最终影响公司的资本结构。

第二，影响上市公司资本结构形成路径的第二位因素（标准化系数为0.472，t=3.94，估计参数在1%水平上显著）是经理的主观规范。这就说明我国上市公司的经理在执行特定的融资行为时，感知的社会群体压力较小，以董事会为代表的群体在融资问题上的不同意见对经理的融资行为影响较小。从实证的结果中也可以看出，经理领导力和任期的长短对经理人主观意识规范的影响路径系数较大，表明经理在公司中的领导力越强，经理的权利延伸越广泛，因此，经理在实施符合个人意志的融资行为时，感受到压力较小。这种情况也反映出，我国企业经理其实对公司的控制力和影响力是相对比较大的。董事会目前尚不能有效地对经理进行约束，这也隐含了一个现象就是董事的权利没有发挥，公司内部控制制度不完善。

第三，相对于其他两个因素，虽然经理的知觉行为控制对公司资本结构的影响是第三位因素（标准化系数为0.424，t=2.12，估计参数在5%水平上显著），但与第二位因素主观规范相差不大，也对资本结构有明显影响。这说明，对经理而言，无论期望采用哪种融资方式，能否顺利融到资金是其首要考虑的问题，这决定了公司新的投资项目能否顺利开展、公司的日常经营能否顺利进行；同时，经理管理防御行为不仅表现在融资行为上，更重要地表现在投资行为上。张海龙、李秉祥研究发现，我国上市公司经理管理防御与公司过度投资行为有较强的正相关关系，而且过度投资行为对融资活动产生的现金流有较强的敏感性。因此，能否顺利融到资金是经理人实施其他管理防御手段的关键。另外，融资决策的实现，除了与外部资本市场环境有关外，公司自身条件的优劣也影响着经理人执行融资行为的困难程度，规模越大、可利用抵押资产越多、信用条件越好的公司越容易从外部融到资金，模型结果也支持这一结论。

本章小结

本章在管理防御理论框架下，应用社会心理学的计划行为理论，以公司经理个人融资意向为出发点，解析了经理人基于管理防御动机对公司资本结构影响的作用机理。公司资本结构的形成是公司成长过程中众多因素共同作用的结果，经理作为公司关键资源配置权的直接拥有者和财务行为的重要决策者，其个人行为意向和行为动机无疑会对资本结构的形成产生重要影响。经理基于职位固守的管理防御动机使经理形成有倾向性的个人融资行为意向，并依靠在公司中的主导地位使个人融资行为意向上升为公司融资决策，进而转化为融资行为，最后形成特定资本结构。实证检验的结果支持了理论推导的基于经理管理防御的资本结构路径形成过程，但影响个人融资意向的因素对资本结构的影响程度存在差异，经理的行为态度和主观规范对资本结构形成的影响较强，知觉行为控制对资本结构形成影响相对较弱。这些结论表明，在条件允许的前提下选择哪种融资方式对经理而言有一个心理倾向，这种心理倾向与经理面对的职位威胁大小有关。因此，公司在进行融资行为决策时，应重视管理防御对经理融资意向的影响程度，应通过建立有针对性的职业生涯管理对策、积极的薪酬计划、关注经理人的心理危机等措施来消除经理对未来预期的不确定性，尽可能降低经理的管理防御心理，从而减少对公司最优资本结构的影响。

第七章　经理管理防御对公司资本结构调整速度的影响研究

资本结构的优化调整是公司发展和资本市场运行的一个关键问题，也是公司治理和财务理论研究的热点。目前已有大量的文献对公司资本结构的选择和公司资本结构偏离目标资本结构的调整进行了研究，实证分析结果也为相关理论提供了一定经验支持。从目前的文献来看，不管是基于动态资本结构理论，还是基于静态权衡理论，大部分学者都是以宏观经济、行业、制度的因素以及市场机会、公司特征等作为变量来研究，很少有选择经理管理防御作为变量来研究。然而，企业筹资和分配等财务决策，是资本结构选择与调整的最终实践途径。由于经理掌握着公司的实际经营控制权，其对公司财务政策的选择起到了非常重要的作用，一旦他能够决定或主导财务决策，在信息不对称的条件下，财务政策就成为经理管理防御的主要手段，进而影响资本结构。近年来的研究表明，学术界已经意识到经理的行为和心理动机等因素会影响企业的财务决策，因此进行理论分析时，行为经济学也被融入进去进行解释，这在极大程度上丰富了公司治理和现代资本结构的理论。

公司资本结构如何调整的研究属于动态领域，主要包括影响因素的研究、这些因素怎样影响企业资本结构的调整以及影响原因。静态与动态资本结构概念产生的原因主要是不同的研究方法导致，早期的研究主要限于静态资本结构，随着研究的深入，学者们意识到要真正掌握资本结构决策的内在规律，就必须观察其运动过程，因此，资本结构的动态调整逐渐成为研究的热点，并且主要从两个方面展开：第一个方面是均衡速度调整的分析，即假设不确定调整方向时，分析调整资本结构的问题；第二个方面是非均衡的调整分析，实际上就是要确定调整的方向。第一个方面主要是分析当不是最优状态时，资本结构的调整速度如何变化，认为其调整速度与方向的变化无关，且一直向均衡状态调整（Flannery and Rangan，2006；Lemmon et al.，2008）；第二个方面认为在不同的方向上，资本结构的调整速度不同，呈现出差异化的非均衡表现，应按不同的方向来分别研究（王正位等，2007；Byoun，2008）。

资本结构理论认为公司存在一个最优资本结构，认为这是债务融资所产生的成本与带来抵税好处所达到的均衡状态。所不同的是，动态资本结构理论认为公司并不是在每个时期都处于最优资本结构状态，资本结构是一个动态的变化过程。公司实际资本结构一旦偏离最优资本结构时，会向最优资本结构进行调整，这种调整分为主动调整和随机调整两类。主动调整意味着公司必须借助于一定的融资策略或分配策略才能使资本结构回归到最优状态，公司管理层可通过债务变动、股权增发、股票拆分及红利政策来调整股权比重进而改变公司的资本结构，但这种调整是有成本的；随机调整是指公司由于随机事件的发生使资本结构偏离最优结构，然后逐步回归最优资本结构。因此，资本结构的主动调整与调整成本的大小有关。调整成本的大小除了与公司特征、融资约束、制度环境等客观因素有关，还与公司管理层调整意愿尤其是拥有控制权的经理的调整意愿等主观因素有关。调整成本的大小固然是影响资本结构调整的重要因素，但当公司实际资本结构和最优资本结构偏差到足够大时，公司必须进行资本结构调整。

从国外的相关实证研究来看，代表性研究包括 Rajan 和 Zingales（1995）、Booth 等（2001）以及 Haas 和 Peeters（2006）、Drobetz 等（2006）的成果。他们基于不同的国家和地区，选择不同的样本进行分析，发现公司特征是影响资本结构调整速度的首要因素。Pittman 和 Klassen（2001）认为，资本结构的调整速度与该企业上市的时间长短呈现出相反变化；Wanzenried（2006）发现交易成本是影响资本结构调整速度的重要因素；Byoun（2005）发现影响公司资本结构调整速度的因素主要有市场账面比率、盈利能力、公司规模和分配制度；Faulkender 等（2008）发现，受财务约束程度与资本结构调整速度呈现出相反的变化趋势，并且调整成本处于减少状态的公司，其调整速度是调整成本上升公司的两倍。

国内最早的相关研究是陆正飞和辛宇（1998），他们采用统计分析法，基于不同行业研究了资本结构的影响因素；洪锡熙和沈艺峰（2000）运用资本结构决定因素学派的理论框架，基于 1995—1997 年的上市公司数据研究资本结构的影响因素；就动态研究视角而言，研究成果较少，主要包括王皓和赵俊（2004）以我国沪、深两市上市公司为研究样本，研究发现动态模型不仅解释力更强，而且可以估计调整率；肖作平（2004）运用 Jalivand 和 Harris 的动态模型，采用我国上市公司数据研究了公司特征因素对资本结构选择的影响；薛光煜和孔爱国（2005）发现，股票市场的变化会对资本结构调整产生影响，这种调整趋向于企业的平均债务水平，并且这种趋向性随着调整时间越长而越明显。童勇（2006）认为，公司增长性、大股东持有份额、获利能力、公司的大小以及资本结构的偏离度，能够促进资本结构的调整速度，而高贷款利率、较大的收益波动性，则会抑制资本结构的调整速度；连玉君和钟经樊（2007）通过实证发现，资本结构调整速度与公司规模和资本结构偏离度呈现相反的变化，而公司的成长性越强，则调整速度越快。黄辉（2009）在资本结构调整的研究中，考虑了宏观环境与制度导向的因素，认为破产法适用范围、各地区的法制建设、股市发展程度等制度层面的因素显著影响着企业的资本结构；并认为宏观经济环境不仅直接影响资本结构选择，还使得企业特征因素对资本结构的原本影响发生扭曲。黄辉（2010）的实证研究发现：对市场资产负债率而言，偏离目标资本结构的程度、公司成长性、公司规模与资本结构调整速度显著正相关；对账面资产负债率而言，公司成长性与资本结构调整速度负相关但不显著；融资约束与资本结构调整速度显著负相关；公司声誉对资本结构调整速度没有显著影响。

从近期的研究来看，姚颖盈（2011）通过选择我国上市公司数据，从实证分析的角度发现资本结构的向下调整速度明显慢于向上调整速度；李增福和李娟（2011）的研究显示，资本结构的变动对税率不同方向的变化有影响，其中，税率上升是更加敏感的因素，税率不同方向的变化，会产生不同的调整财务杠杆的方式；白明和任若恩（2011）基于不同调整路径，研究不同实务资本结构调整速度计算方法，在此基础上，分别测算出了上市公司依靠发行股票、充分利用商业信用、长短期负债以及内部留存等五种不同路径下的资本结构调整速度，发现，外部资金是公司调整资本结构的主要方式，其中效率最高的路径是发行股票，而采用增加负债资本的调整路径效率最低，上市公司在进行资本结构调整时的路径选择顺序与啄序理论结果不一致；还发现通过发行股票进行调整的公司现金相对充足，而通过增加负债资本路径进行调整的公司比以发行股票进行调整的公司，现金更加充足。

第一节 理论分析与研究假设

已有文献中有大量文献分析公司资本结构的选择问题，但这些研究主要是基于企业的特征、风险波动以及资本结构偏离度等进行的研究，在研究资本结构调整速度时都没有从经理管理防御视角出发。实际上，经理由于掌握着关键资源的支配权和财务行为的决策权，使得其对企业的经营有重要作用，其心理动机和个人意向在很大程度上影响公司的筹资政策。因此，研究资本结构调整时，就应该将经理的影响考虑进去。Ayla Kayhan（2001）等发现，当公司股价已达到较高水平时，经理仍然依靠发行股票获得外部资金需求，而不愿通过提高杠杆比率恢复资本结构，该研究对于理解经理管理防御如何动摇优序融资理论很有帮助，并认为公司未能达到资本结构的再平衡在于经理管理防御。Hao Wang（2011）发现，经理更加喜欢长期负债，经理管理防御会使企业原来的违约风险进一步放大。Catherine 等（2011）认为，当不能重新谈判预期的债务时，能力水平低下的经理为了防止被解雇，会选择债务筹资。Denton 和 Henry（2011）利用美国 500 强企业的数据，分析权益筹资成本如何受管理防御程度的影响，发现经理管理防御和企业权益资本成本是正相关关系，随着经理管理防御程度的增加，企业的权益资本成本也会呈现出上升趋势。李秉祥和张海龙（2010）的研究表明，当经理基于管理防御的融资意向变为筹资决策时，最终会变成融资行为，最后产生相应的资本结构，这就是公司资本结构的形成路径；基于计划行为的理论，实证分析在管理防御的假设下，经理个人的融资意愿是如何影响企业资本结构的调整，发现公司的资本结构调整与筹资政策显著受到经理管理防御的影响。

为了研究方便，本书将资本结构偏差定义为向上偏差和向下偏差两种状态，同时基于这两种状态将公司实际资本结构向目标资本结构的调整分为向下调整和向上调整。向上偏差意味着公司实际资本结构（负债率）高于公司目标资本结构，资本结构的调整过程定义为向下调整；向下偏差意味着公司实际资本结构（负债率）低于公司目标资本结构，在这种状态下，实际资本结构向目标资本结构调整的过程定义为向上调整；由于经理在财务决策中有维持职位稳固的管理防御动机，在进行融资决策时会选择有利于自身职位稳固的融资方式。因此当公司实际资本结构偏离目标资本结构时，经理人的行为必将影响不同偏离状态的资本结构调整速度。另外，资本结构调整速度除了与调整成本大小有关外，还与公司管理层调整意愿，尤其是拥有控制权的经理的调整意愿等主观因素有关，当资本结构向上偏离时，基于债务违约所引起的公司破产离职风险，经理有足够的动力进行资本结构向下调整，表现为经理管理防御与公司资本结构调整速度敏感性高，而当资本结构向下偏离时，调整动力可能不足，敏感性可能较弱。基于以上分析，提出如下假设：

H1：企业资本结构向下调整速度与经理管理防御是正相关。

H2：企业资本结构向上调整速度与经理管理防御是负相关。

首先目前现有的研究大多数是以西方资本市场为制度背景，

特别是以美国公司治理机制为研究背景，缺乏对我国经理管理防御行为的研究。我国特殊的制度和背景与西方国家有很大的不同，尤其是企业所面临的内部控制和外部控制机制与西方国家有很大的不同。比如西方发达国家资本市场发展较为完善，外部接管机制、经理人市场以及企业破产机制相对较为成熟。比如国有背景上市公司中股权高度集中，形成了大股东对公司实际上的超强控制，等等，这些都使我国企业经理的管理防御区别于西方国家企业经理管理防御。

其次，我国国有背景上市公司经理人员的选拔存在较为严重的选择性偏差，经理人员受到的监督和约束较小，业绩考核评价体系和奖惩机制不健全。从目前来看，国有背景上市公司经理人员的选择主要有以下三种方式：一是将各级政府部门中有一定行政级别且政治表现好而又在政府部门无法进行提升的人员调至上市公司担任经理人员或董事长；二是将其他国有企业中政治表现好的高层管理人员平级调至别的公司出任经理人员或是把国有企业政治表现好、业务能力强、人际关系好的中层管理人员提拔至高级管理人员；三是公开招聘。从国有背景上市公司经理人员的选拔方式中可以看出，国有性质上市公司的经理在聘任时更多考虑的是他们的人际关系和政治表现，这种选拔机制在很大程度上存在着选择性偏差。由于这种选拔机制的特殊性，导致他们的防御地位带有很大的不确定性。从监督和约束机制来看，外部监管力度都有限，理论上经理应该受到的一些监督约束机制都没有发挥应有的作用。因为选拔机制的偏差，使得外部监管部门无法获得公司在经营决策过程中的真实信息，这是因为它们既没有相应的专业知识，也没有太多的时间去获取，从而导致它们与这些经理之间在信息上是不对称的，因此也很难进行有效监督；此外，由于经理可能在董事会和监事会行使一定的职权，使得这两大监督部门也会存在一定的监督失效问题。张海龙与李秉祥（2010）在非单一监督主体的模式下，引入管理防御因素来分析公司监事和董事的效率，研究表明监事和独立董事的信息由于管理防御的存在而减少，且其福利水平也受到影响，导致了信息的优势分离、惩罚的威胁降低，使得监督效率大大降低。

最后，在国企任职的经理会追求政治级别，他们追求的是企业规模增加、地位上升，甚至是更好的在职福利与政治层面的好处。而且，国有商业银行和上市公司之间由于存在裙带关系，使得银行“救命人”的角色更加突出，而对公司的监督动力不足，所以破产威胁在治理功能方面也就难以发挥作用。由于我国资本市场这些特殊制度背景的存在，使得西方国家的经理管理防御问题与我国上市公司在其治理结构下的情况存在着很大的不同，故在作出具体的决策时，不同的经理差异很大。基于以上论述，得出下面假设：

H3：公司资本结构出现向上偏差时，非国有企业经理管理防御对资本结构向下调整速度的影响比国有企业更为明显。

H4：公司资本结构出现向下偏差时，国有企业经理管理防御对资本结构向上调整速度的影响比非国有企业更为明显。

第二节　研究模型设计

对于资本结构调整速度的研究，大多数的研究都是采用如下模型来表示：

$$L_{i,t} - L_{i,t-1} = \lambda_{i,t} \ (L_{i,t}^* - L_{i,t-1}) \tag{7-1}$$

其中，$L_{i,t}$代表公司 i 在第 t 年的实际资本结构，$L_{i,t}^{*}$代表公司 i 在第 t 年的最优或目标资本结构，$\lambda_{i,t}$表示为调整速度变量。若 $\lambda_{i,t}=1$，则表示公司可以在一个期间内实现调整；若 $\lambda_{i,t}=0$，则表示公司由于调整成本非常大，公司无法做出有效调整或者可以调整，但难以实施，公司将不做任何调整；如果 $0<\lambda_{i,t}<1$，则表示公司虽然进行了资本结构调整，但并没有完全调整到资本结构的最优状态。对于如何准确地定量一个公司的最优资本结构，理论界通用的做法都是遵从 Flannery 和 Rangan（2006）的研究方法，就是将最优资本结构认为是一系列相关影响因素的线性函数，可以由式（7－2）来表示：

$$L_{i,t}^{*}=F\left(X_{i,t-1},\ P_{i},\ T_{t}\right)=\alpha_{0}+\sum\alpha_{j}X_{j,i,t-1}+\sum\alpha_{i}P_{i}+\sum\alpha_{t}T_{t} \qquad (7-2)$$

其中，$X_{j,i,t-1}$是影响 i 公司第 t 年期间目标资本结构的一组矢量，取值为第 $t-1$ 年年末，α 为各矢量的系数，依据资本结构权衡理论假设，$\alpha\neq0$ 。P_{i} 和 T_{t} 分别为行业和时间虚拟变量。

根据 Cook 和 Tang（2008）的观点，公司普遍对市场信息的反应较为迟缓，因此即便是确定要进行资本结构调整决策，也会表现出一定的滞后性，所以应该用 $t-1$ 年的变量数据来描述 t 年的目标资本结构，本书的研究也遵从这一做法。

目前文献大都采用分步调整模型进行分析，即模拟最优资本结构模型时采用式（7－2），计算资本结构调整速度时采用式（7－1），然后代入模型做回归分析。基于此种方法，实际的资本结构调整速度可能与计算出的速度产生较大误差，是因为最佳资本结构回归模型的拟合误差引起，且影响资本结构调整的因素和影响资本结构的决定因素可能会产生统计上的多重共线性问题，分步模型无法从理论上解决对最终结果产生的影响，从而可能影响最终分析结果。本书在借鉴黄辉（2010）的研究思路，“内化”了资本结构调整速度。具体做法如下：先依据 Drobetz 等（2007）的过程，令 $\lambda_{i,t}$ 为影响因素的一个线性函数，即：

$$\lambda_{i,t} = G(Y_{i,t}, P_i, T_t) = \beta_0 + \sum \beta_k Y_{k,i,t} + \sum \beta_i P_i + \sum \beta_t T_t \tag{7-3}$$

其中，Y_{it} 为影响资本结构调整速度的一组矢量，β 为相关系数向量，P_i、T_t 和式（7－2）相同。将式（7－3）和式（7－2）代入式（7－1）整理后得到“内化”了调整速度的动态资本结构调整速度模型：

$$L_{i,t} = (1-\beta_0) L_{i,t-1} - \beta_1 Y_{i,t} L_{i,t-1} + \beta_0 \sum \alpha_j X_{j,i,t-1} + \beta_1 \sum \alpha_j Y_{i,t} X_{j,i,t-1} + P_i + T_i + \varepsilon_i \tag{7-4}$$

为消除无法观测的公司特征固定效应 P_i 和 $L_{i,t-1}$ 序列相关性，其中，ε_i 为随机扰动项，对式（7－4）进行了自相关系数 $\rho = 1$ 的一阶差分转换，得到本书的计量基础模型，如式（7－5）所示：

$$\Delta L_{i,t} = (1-\beta_0) \Delta L_{i,t-1} - \beta_1 Y_{i,t} \Delta L_{i,t-1} + \beta_1 \sum (\beta_0 + \beta_1 Y_{i,t}) \alpha_j \Delta X_{j,i,t-1} + \Delta T_i + \varepsilon_i \tag{7-5}$$

第三节 研究检验方法与变量设计及样本选取

一 研究检验方法

对模型参数的估计采用广义矩估计方法（GMM），之所以选择此方法是因为广义矩本身是一个稳健估计量，允许模型中随机误差项存在异方差和有序列相关的出现，且不要求非常精确的扰动项的统计分布，使得其参数更接近实际，因此广义矩估计方法经常被用来估计模型参数。模型检验主要采用邹检验（Chow Test）和霍斯曼检验（Hausman Test）。其中，邹检验（Chow Test）可以测试两组不同数据的线性回归系数是否相等。霍斯曼检验（Hausman Test）则可以判断是随机效应模型还是固定效应模型。由于固定效应模型允许其他解释变量与个体效应无关，符合本章的研究情况，所以本章选择了固定效应模型来研究。

二　经理管理防御水平的度量

分析经理管理防御行为最大的困难就是如何对经理管理防御水平进行测度，现有研究大都以单一变量来测度，但是经理的内心想法等深层次因素也会影响经理管理防御，所以这种单一变量很难全面反映防御水平。在李秉祥和张海龙（2010）研究思路的基础上，本章度量经理管理防御水平时，以多维变量角度构建经理管理防御的指数。具体而言，选取对经理的管理防御水平产生重要影响的四维度变量，对其进行标准化并求均值（本书采用极值法），并得到最终综合性指标——经理的管理防御指数 MEI。需要关注的是，所有变量采用相同的权重来构建本书相应指数，尽管会存在偏差，但是在理论上并不会对资本结构调整速度变动的总趋势和防御水平造成影响，不会造成系统性的偏差，具体说明见表 7－1。

表 7－1　　　　经理管理防御指数相关变量说明

MEI＝（MF＋Rrecost＋MC＋Pow）/4

影响防御水平变量	变量标识	变量的操作定义	理论来源及参考文献	注
经理自身特征变量	MF	通过对经理年龄、学历、专业背景变量进行分类赋值加总得到的新变量	Nejia（2005） Chan（2006） 李秉祥等（2007）	i
转换工作成本变量	Recost	经理转换工作成本大于等于平均值取1，小于平均值取0	罗宏、黄文华（2008）	ii
经理控制权变量	MC	经理兼任董事长设为2，兼任副董事长或其他高级职务为1，没有其他职务为0	Jensen（1976） Goyal 和 Park（2002）	
经理任期变量	Pow	经理任期	陈璇等（2006）	

注 i：年龄取值：45 岁以下赋值为0，45 至55 岁赋值为1，55 岁以上则为2；经理学历取值：硕士及硕士以上、本科、专科及专科以下，分别赋值 0、1、2；经理任期取值：小于3 年和大于等于3 年分别赋值为0 和1；专业背景取值：工科赋值2、工科加经济管理学赋值1，经济管理学赋值为0；管理防御性越强则赋值越高。

ii：经理的在职消费和工资收入反映了其转换成本。管理费用体现的是经理在职消费的情况和企业的组织效率，这是因为在职消费通常计入管理费用。只有少数的样本公司可以准确计量差旅费、招待费等项目，本书借鉴王满四（2006）、罗进辉等（2009）的研究观点，衡量在职消费在管理费用中的比例时采用管理费用/平均资产总额来度量。

三　资本结构偏差变量的计量

对资本结构偏差（Dev）进行计量，首先需要对公司的目标资本结构进行确定，有众多学者对此进行了大量的研究，基本的做法是：早期的研究采用代理指标进行衡量，如历史均值、行业均值、回归估计值等，现在大多数研究都是采用对公司目标资本结构产生影响的变量来线性拟合目标资本结构。结合王皓、赵俊（2004），连玉君、钟经樊（2007），黄辉（2010）等的研究，本章选取公司规模（Size）、资产流动性（Fr）、资产有形性（Tang）、公司成长性（Grow）、公司盈利能力（Row）、非负债税盾（Ndts）、股权集中度（Scd）作为影响公司资本结构的因素，其中Size用公司期末总资产取自然对数表示，Fr用公司流动比率表示，Tang用固定资产与存货的总和除以总资产表示，Grow用托宾Q值表示，Row用每股净利润表示，Ndts用折旧除以总资产表示，Scd以公司前5大股东持股比例总和表示。参考Flannery和Rangan（2006）、屈耀辉（2008）等的做法，将目标资本结构设定为一组线性函数形式，来模拟出公司目标资本结构，并以目标资本结构模型的残差来对资本结构偏差进行计量，并定义模型残差大于0的偏差为资本结构向上偏差，定义模型残差小于0的偏差为资本结构向下偏差。

四　其他变量设计与计量

本书用资产负债率表示企业的实际资本结构。目前来看，计量企业的资产负债有两种方式：账面价值和市场价值。其中，账面价值的资本结构=账面负债/（账面负债+账面股东权益），市场价值的资本结构=账面负债价值/（账面负债价值总和+流通股市值总和+非流通股数总和×每股净资产），长期和短期负债之和构成账面负债。在我国资本市场，由于存在股权分置改革，样本公司的非流通股票和流通股票的市值会影响公司的资本结构，所以，本书采用账面价值计量。

本章基于前文分析，结合Peeters和Haas（2006）、Wanzenried和Drobetz（2006）、连玉君和钟经樊（2007）等的分析，选择影响企业资本结构的调整速度的变量包括：资本结构偏差、经理管理防御指数、公司规模、公司成长性、公司不确定性、每股现金股利，见表7-2：

表7-2　　变量定义及说明

影响资本结构调整速度变量	变量标识	变量的解释和说明
资本结构偏差	Dev	实际资本结构与目标资本结构差额，正值表示资本结构向上偏差，负值表示资本结构向下偏差
经理管理防御指数	MEI	经理管理防御指数
公司规模	Size	公司期末总资产的自然对数
公司成长性	Tobin Q	公司托宾Q值
公司不确定性	V-Sale	销售波动率，具体用销售额标准差表示
每股现金股利	C-div	每股现金股利

五　样本选取

为了使行业间的相关因素不影响研究结果，本章以制造业上市公司作为主要研究的对象。样本的数据大多来源于国泰安的数据库和CCER数据库及中国财经信息网。样本的观察期为2011—2015年，在选择时要遵循以下的原则：①剔除最大值和最小值样本，样本中不包含ST类公司，并要剔除一起发行B股、H股的A股上市公司；②剔除了差异大的样本数据及不连续样本数据的公司；③剔除截至2015年12月31日，上市公司的总经理任职期限小于3年的公司。将总经理的任期作为样本研究筛选的原则，是因为公司法规定，经理的最低任期是3年；此外，在对公司治理的研究中，任期一般也被解释为防御的程度、过度的控制和缺乏董事会有效监督的标志，是经理管理防御的反映。Allen等（1982）的研究发现，任期越长，经理拥有的控制权也越大，Berger P. G.（1997）的研究也支持这一说法，即经理任职时间越长会导致其拥有的权利越大。部分财务数据和公司的治理数据来源于CCER（色诺芬）库和国泰安库，缺失的数据来自本书研究团体依据上市公司年度报告相关的信息和新浪财经网整理得到，最后选取486家公司的1726个年度样本的观测值（其中深市182家，沪市为304家）作为研究的总体，统计检验采用的分析软件为SPSS 16.0。

第四节 实证分析与结果

一 描述性统计分析

在实证检验前，本书首先利用式（7－2）对上述486家公司的目标资本结构进行模拟，并检验模型的拟合程度，结果如表7－3、表7－4所示。

表7－3 经理管理防御指数及其他变量描述性统计 单位：家

变量名	均值	最大值	最小值	标准差	样本数
Size	22.174	27.167	12.692	9.663	1726
Fr	1.723	6.757	0.289	2.954	1726
Tang	0.468	0.887	0.371	15.279	1726
Grow	1.779	5.693	1.017	22.478	1726
Row	0.097	0.412	－0.257	34.634	1726
Ndts	0.317	1.094	0.097	29.774	1726
Scd	0.303	0.658	0.185	17.576	1726
样本公司MEI指数的年度描述性统计					
2011年	0.377	0.903	0.313	0.498	334

续表

变量名	均值	最大值	最小值	标准差	样本数
2012 年	0. 402	0. 922	0. 293	0. 562	352
2013 年	0. 455	0. 937	0. 298	0. 522	346
2014 年	0. 459	0. 839	0. 467	0. 527	363
2015 年	0. 462	0. 902	0. 392	0. 533	331

由表 7－3 结果可知，样本公司的经理管理防御指数最大值为 0. 937，最小值为 0. 293。从全年的平均值来看，呈现出逐年递增的趋势，说明了上市公司中经理管理防御性水平在逐渐增大，防御行为也不能忽视。

表 7－4　　目标资本结构回归分析结果及检验结果

变量名	VIF	系数	T 值	F 值
Size	1. 098	0. 069***	4. 227	0. 000
Fr	1. 334	0. 097**	1. 793	0. 012
Tang	1. 076	0. 206*	2. 984	0. 001
Grow	1. 395	0. 037**	2. 762	0. 008
Row	1. 307	0. 061***	1. 894	0. 216
Ndts	1. 321	－0. 006	－4. 027	0. 703
Scd	1. 108	0. 503*	2. 441	0. 002
R^2（Adj. R^2）	0. 313（0. 245）			
Hausman Test	98. 557***			
F（Prob.）	15. 342（0. 000）			
D. W	1. 986			

注：***、**、*分别表示在 1%、5%、10% 水平上显著。

表 7－4 的结果显示，模型的决定系数及调整系数分别为 0. 313 和 0. 245，说明模型的拟合程度不是很高，但 F 检验的概率 P 小于

0.05，表明模型是比较有效的，所以数据的拟合度在可以接受的范围内，其实模型在整体上是合理的；另外，D.W 结果为 1.986，而方差膨胀因子 VIF 小于 1.5，说明解释变量不存在自相关和多重共线性；Hausman Test 检验结果显示，本书选择固定效应模型是正确的。

二　实证结果及分析

为了检验前文中所提出的相关假设，需要依照研究指定的假设条件对总样本按下面的原则进行一系列的分组，将目标资本结构模型残差大于 0 的样本划分为向上偏差样本组，将残差小于 0 的样本划分为向下偏差样本组，来检验假设 H1 和 H2；为了考察经理管理防御对国有企业和非国有企业在资本结构调整速度上的差异，在第一次分组的基础上按控股股东的最终控制人性质分为国有控股（国有股和国有法人股）和非国有控股两组，来检验假设 H3 和 H4。样本分组描述见表 7－5：

表 7－5　样本分组情况描述　单位：个

样本组＼年份	2011	2012	2013	2014	2015	合计
总样本组	334	352	346	363	331	1726
向上偏差样本组	145	195	214	186	163	903
向下偏差样本组	212	146	138	145	182	823
国有控股向上偏差样本组	83	101	113	96	93	486
非国有控股向上偏差样本组	47	79	86	74	76	362
国有控股向下偏差样本组	98	92	97	104	102	493
非国有控股向下偏差样本组	101	72	61	63	88	385

为了检验假设 H1 和 H2，对式（7－5）进行广义矩估计，检验结果见表7－6。需要说明的是，对于式（7－5），系数β_1的正负的含义刚好和实际经济含义相反，模型代入的原因使得式（7－5）第二项出现负号。因此，实际检验结果为负数的表示变量之间有正相关关系，而系数为正则表示变量之间有负相关关系。

表7－6　　经理管理防御对资本结构调整速度影响实证结果

变量名	全样本组	向上偏差组	向下偏差组
$\Delta L_{i,t-1}$	0.522	0.483	0.547
$MEI_{i,t-1}\times\Delta L_{i,t-1}$	－0.176**	－0.302***	0.192***
$Dev_{i,t-1}\times\Delta L_{i,t-1}$	－0.367	－0.322	－0.348
$Size_{i,t-1}\times\Delta L_{i,t-1}$	－0.073**	－0.042	－0.056*
$Tobin_{i,t-1}\times\Delta L_{i,t-1}$	－0.001	－0.004**	0.002**
$\text{V-Sale}_{i,t-1}\times\Delta \text{L}_{i,t-1}$	－0.098**	－0.109*	－0.103**
$C\text{-}div_{i,t-1}\times\Delta L_{i,t-1}$	－0.0016	0.0012*	－0.0024**
Wald	1243.37***	896.74***	998.34***
Z2 test	0.412**	0.394**	0.313*
Sargan	684.57***	602.71***	592.64***

注：***、**、*分别表示在1%、5%、10%水平上显著。

根据表7－6全样本组检验结果来看，资本结构调整速度与经理管理防御程度（MEI）系数是－0.176，并且在5%的显著性水平上显著，反映出我国企业的资本结构调整速度和经理管理防御之间的关系是显著的，一旦企业偏离最优资本结构，经理便会强烈地想要调整资本结构。

根据表7－6向上偏差组和向下偏差组结果来看的检验结果，经理管理防御程度（MEI）与资本结构的调整速度系数在样本企业向上偏差组里是－0.302，呈现出正相关关系；而在向下偏差组中是0.192，呈现出负相关关系，且在1%的水平上显著。反映出经理管理防御对企业资本结构的调整速度在不同的资本结构偏差时不同。当资本结构向上偏差时，二者正相关；向下偏差时，二者负相关。此外，样本的邹检验结果显示，向上和向下偏差组里，经理管理防御水平对企业资本结构调整速度的影响系数在1%水平上显著不同，由此验证了假设H1和H2。

进一步分析实证结果，在负债比重高的资本结构下，随着负债比重的上升，还本付息的压力在增加绩效压力的同时，也造成企业破产可能性的增加，这些都会对企业经理稳固自身职位造成威胁，此时，经理便会有强烈的向下调整资本结构的动机。而且随着管理防御水平的增加，其向下调整的动机越强；相反，在低负债的资本结构下，经理并没有动机向上调整资本结构，随着管理防御水平的增加，调整的意愿下降。

为了检验在国有控股企业和非国有控股企业中，经理管理防御水平对资本结构的调整速度的影响是否相同，本章依据股东属性，将原有样本分为非国有控股组和国有控股组，单独对两组样本检验的结果见表7-7。表7-7中列示了资本结构向上偏差时，国有控股公司经理人和非国有控股公司经理人管理防御对公司资本结构调整速度的影响结果，可以看出，无论是国有控股公司组还是非国有控股公司组，经理管理防御都对企业资本结构的调整速度有正向影响，$MEI_{i,t-1} \times \Delta L_{i,t-1}$系数分别为-0.301和-0.433。同时邹检验显示，二者在1%水平上显著不同，这表明相对于资本结构向上偏差，非国有控股公司经理管理防御对公司资本结构调整速度的影响比国有控股公司更为明显。

为进一步分析两者的敏感性差异，在式（7-5）基础上引入交

表 7－7　经理管理防御对资本结构调整速度影响的分组样本检验结果

变量名	向上偏差组				向下偏差组			
	国有控股组		非国有控股组		国有控股组		非国有控股组	
	(1)	(2)	(3)	(4)	(5)	(6)	(7)	(8)
$\Delta L_{i,t-1}$	0.348	0.501	0.386	0.401	0.483	0.428	0.404	0.398
$MEI_{i,t-1} \times \Delta L_{i,t-1}$	-0.301**	-0.238*	-0.433**	-0.405*	0.312**	0.314**	0.208**	0.209*
$Dev_{i,t-1} \times \Delta L_{i,t-1}$	-0.402**	-0.334**	-0.298***	-0.421**	-0.402***	-0.367**	-0.382***	-0.406**
$Size_{i,t-1} \times \Delta L_{i,t-1}$	-0.038**	-0.042*	-0.027	-0.031*	-0.044*	-0.036**	-0.029*	-0.047*
$Tobin_{i,t-1} \times \Delta L_{i,t-1}$	-0.002	-0.004	-0.003*	-0.001	0.004*	0.002	0.003	0.002
$V-Sale_{i,t-1} \times \Delta L_{i,t-1}$	-0.117*	-0.101	-0.136**	-0.127*	0.103*	0.115	0.147*	0.134
$C-div_{i,t-1} \times \Delta L_{i,t-1}$	0.0014	0.0009	0.0013*	0.0010	-0.0013	-0.0011	-0.0017*	-0.0012
$MEI_{i,t-1} \times Dev_{i,t-1} * \Delta L_{i,t-1}$	—	-0.198**	—	-0.302***	—	0.313**	—	0.142
Wald	712.64**	702.19*	543.61**	473.58**	911.34*	798.14*	713.54**	613.85*
Z2 test	0.414***	0.406**	0.392***	0.411**	0.389**	0.394**	0.403***	0.371**
Sargan	562.17***	499.52***	503.33**	497.64***	721.58**	737.75*	641.44***	701.42**

注：***、**、*分别表示在1%、5%、10%水平上显著。

互变量 $MEI_{i,t-1} \times Dev_{i,t-1}$，重新进行检验，结果分别列示于表 7－7 中第（2）、第（4）列。可以看出，引入交互变量后，非国有控股样本组的交互项系数是－0.302，并且在 5% 的水平上是显著的，而国有控股样本组的交互系数为－0.198，但不显著。同时邹检验结果表明两者在 5% 的水平上显著不同，这就进一步说明面对资本结构向上偏差，非国有控股公司经理管理防御对资本结构调整速度更为敏感，假设 H3 得到验证。

表 7－7 中第（5）、第（7）列分别为资本结构向下偏差样本组中，国有控股公司和非国有控股公司经理管理防御对公司资本结构调整速度的影响结果。结果显示，非国有控股公司样本组中 $MEI_{i,t-1} \times \Delta L_{i,t-1}$ 的系数为 0.208，国有控股公司样本组中 $MEI_{i,t-1} \times \Delta L_{i,t-1}$ 的系数为 0.312，分别在 5% 的水平上是显著的，说明无论是国有控股公司还是非国有控股公司，经理管理防御水平越低，公司的资本结构调整速度就越快，这与在第一次进行分组的实证结果表现一致。而邹检验结果显示，两者在 5% 的水平上显著不同，这表明相对于资本结构向下偏差，国有控股公司经理管理防御对资本结构调整速度的影响比非国有控股公司更为明显。

和前述相同，表 7－7 的第（6）、第（8）列是为更清楚说明两者的敏感性差异而引入交互变量 $MEI_{i,t-1} \times Dev_{i,t-1}$ 后进行的检验结果。可以看出，国有控股样本组引入交互变量后的交互项系数是 0.313，并且在 5% 的水平上是显著的，而非国有控股组的系数是 0.142，但不显著，同时 Chow Test 检验表明两者在 5% 上显著不同，这就进一步说明面对资本结构向下偏差，国有控股公司经理管理防御对资本结构调整速度的影响比非国有控股公司更为明显，假设 H4 得到验证。

无论是全样本还是分组样本，最优资本结构和实际资本结构之间的偏差（Dev）变量与资本结构调整速度的变量系数均为负数，两者之间显著正相关，并且都通过了显著性检验。这说明资本结构的偏离程度越明显，公司对资本结构调整的愿望越强烈，调整速度就越快，实证结果与理论预期相一致，结果与以往的多数文献研究结果相似。

表7－6、表7－7结果都显示，公司规模（Size）与资本结构的调整速度正相关，但在资本结构向上偏差组中并未通过显著性检验，这可能是由于公司规模太大时，公司治理结构和决策体系也比较复杂，这就在一定程度上使得资本结构调整相关决策在制定和执行时的实际效率大打折扣。也说明一旦向下调整资本结构，可能需要更多的资金，而资金需求可能会受到现实中融资约束的限制，因而出现检验结果不显著。

资本结构调整速度与公司成长性（Tobin）在向上偏差样本组显著正相关，但在向下偏差样本组中则显著负相关；这大概是因为在资本市场上，对于成长性较高的公司，股票市场给予的支持往往比普通公司要多，公司进行资本结构向下调整时，可利用创业板、创投、风投等融资方式进行资本结构调整，而且这些融资方式往往限制相对较少，更加容易操作。而相反，成长性高的公司进行资本结构向上调整时，难度相对较大。由于成长性高的公司往往风险也较大，而银行贷款一般只提供给规模大、稳定性高、风险小、声誉好的公司，而对高成长性公司而言则很难通过该渠道进行融资。因此，对于成长性这一因素而言，其检验结果出现了相反的结果。

资本结构调整速度与公司不确定性因素（V－Sale）之间显著正相关，这表明公司不确定性越强，其向目标资本结构调整的速度就越快。这一结果表明不确定性较强的公司经理比不确定性弱的公司经理具有更强的风险危机意识。当资本结构偏离最优资本结构时，往往会加剧公司不确定性带来的负面影响，相对于资本结构调整的成本，公司更加重视可能发生的破产危机。因为一旦发生风险危机进而引发公司破产，经理人可能会被迫离职，这种威胁使得当公司偏离目标资本结构时，经理人会迅速做出调整的决策，并利用一切可利用的途径进行调整，以防止在此期间发生经营性风险，即使在资本市场的约束力很大的情况下，不确定性较强的公司也会尽可能进行资本结构的调整来避免公司出现破产危机。

资本结构调整速度和现金股利因素（C－div）的关系在不同的样本组别中表现不同。在全样本组中，二者呈现出正相关关系，但并不显著；在向上偏差的样本组中，二者呈现显著的负相关关系，而在向下偏差的样本组中显著正相关。这说明，不管资本结构是向下还是向上偏差，现金股利的派发行为均会对其产生影响。区别在于当资本结构出现向下偏差时，派发现金股利越多，资本结构的调整速度就越快，当出现向上偏差时，其结果正好相反。这一实证结果也验证了现金股利对资本结构调整速度影响的理论分析，也表示派现行为对我国上市公司资本结构向上调整有促进作用，但会阻碍资本结构向下调整。

本章小结

经理管理防御理论从新的视角研究经理在面对离职威胁与压力时，主动应对公司内外部控制机制以维护自身职位的行为，是对传统委托代理理论的深化，为解释经理行为对公司资本结构调整速度的影响提供了一种新的视角。以往的相关研究很少考虑资本结构调整速度的非对称性特征，未考虑资本结构在向上偏离和向下偏离目标资本结构时，公司资本结构可能呈现出不同的调整速度。本章将资本结构偏差分为向上偏差和向下偏差，通过构建经理管理防御指数，建立了内化目标资本结构的动态资本结构调整模型，采用了一阶差分后的广义矩估计方法，实证检验了经理管理防御对公司资本结构调整速度的影响。研究发现：经理管理防御对公司资本结构调整速度有显著影响，但对不同偏差调整速度影响存在差异，经理管理防御与公司资本结构向下调整速度正相关，而与公司资本结构向上调整速度负相关；相对于资本结构向上偏差，非国有企业经理人管理防御对资本结构调整速度的影响比国有企业更为明显，而相对于资本结构向下偏差，国有企业经理人管理防御对资本结构调整速度的影响比非国有企业更为明显。另外，研究还发现，在资本结构向上偏离目标资本结构时，公司成长性与资本结构向下调整速度显著正相关，而在资本结构向下偏离目标资本结构时，与资本结构向上调整速度显著负相关。

第八章 公司价值、资本结构与经理管理防御

第一节 理论分析

经理管理防御对公司价值及相关利益者价值影响的研究，主要体现在经理在面临解雇威胁和离职后高额的转换工作成本时，为保住自己的职位，尽可能增大股东对其解雇的成本，从而使公司出现过度投资、投资不足、投资短视、多元化投资等非效率投资行为，偏离了公司最优投资行为，引起公司价值及相关利益者价值减损。Lundstrum（2005）通过分析投资的短视行为与经理管理防御之间的关系时发现，经理非常清楚企业是否有投资机会，但是外界难以发现，当股东对经理进行业绩评价选择投资项目的业绩作为评价标准，而经理期望在经理人市场增加自己声誉时，他就可能为追求短期的利益而出现投资短视的行为。Jensen 和 Meckling（1976）、Stulz（1988）等研究发现，经理人普遍倾向于多元化投资，这样在提升经理个人地位和威望的同时，也会提升经理对企业的控制力，并提高个人在职消费水平，而且多元化经营的职业经历还可以提升其在经理人市场上的竞争力。Shleifer 和 Vishny（1983）也发现多

元化的经营决策可使经理增加自己职位的安全性，相对提升自身人力资本的专用性，但这种行为的内在动机与股东期望的公司价值最大化是相违背的，更严重的是会使公司的价值出现“多元化折扣”减损现象；即便是存在非常有效的内外部约束机制，由于经理管理防御行为的存在，也会造成不同的项目和部门之间的资金配置效率低下问题。

经理管理防御与公司资本结构方面的研究前文已做过详细的论述，主要围绕基于治理机制，经理在选择筹资方式时是怎样考虑有利于自己的方式而巩固自身利益的。从筹资决策来看，经理有管理防御动机时，其目标函数就和股东的目标函数出现偏离，体现为股东期望选择债务融资，这样可以利用财务杠杆来实现风险转移，并使股东的利益最大化，但是对于经理来说，为了降低公司破产所带来的离职风险而尽可能避免债务筹资，避免由于破产而被解雇。因此，从理论上看，经理管理防御行为会使公司价值最大化行为选择产生偏离，从而对公司资本结构、公司价值和相关者利益产生影响，但这种影响程度与经理管理防御是怎样的关系是本章所要解决的问题。

第二节　变量说明与模型建立

在开展相关研究之前，本章假设经理、债权人、股东为企业的参与方，经理持股为零，但可以对企业的财务决策起到主导性的作用，由于风险的非中性假设会引起一些其他更复杂的因素，所以假设风险是中性的，不可重新谈判未到期的企业债务，企业主要通过发行债券来提高财务杠杆，企业不能注销或者回购股票，除非发生清算。基于上面的假设，用 V_t 代表公司价值，r 代表无风险利率，φ 代表现金支付率，反映的是每一期用来付现金股利和利息的现金额，φV_t 表示用来分红和付利息的现金流出；δ 代表收益的波动率，衡量企业经营风险的大小；C 代表债务本金，k 代表债务利息率即资金成本。η 代表经理管理防御水平，当 $\eta=0$ 时，代表经理不存在管理防御动机，股东和经理的目标函数是一致的；当 $\eta\neq0$ 时，意味着采取了管理防御措施，对企业价值的影响为 ηV_t；λ 代表企业破产清算时的清算费率，ω 指公司税率。该模型的前提是企业有足够的现金来分红和偿付债务利息，不然就会进行破产清算。另外，假设企业的价值呈二项分布的状态，也就是在概率为 p 的情况下，其增值是 uV_t；当概率为 $1-p$ 时，变为 dV_t，增值系数 $u=e^{\delta}$，$d=1/u=e^{-\delta}$，则 $p=(e^{(r-\varphi)t}-d)/(u-d)$，其中，e 代表自然对数的底，即 e = 2.7183。见表 8－1 的具体说明。

表 8－1　　参数说明表及变量初始赋值

参数	定义	初始赋值
V_t	公司价值	—
$B(V_t)$	债权价值	—
$S(V_t)$	股权价值	—
$M(V_t)$	经理私人收益价值	—
$SM(V_t)$	股东价值与经理私人收益价值之和	
V_0	公司期初价值	100
r	无风险利率	5%
δ	收益波动率	30%
φ	现金支付率	2%
C	债券本金	60
k	债务利息率	7%

续表

参数	定义	初始赋值
η	经理管理防御水平	0—1
λ	清算费率	30%
ω	公司税率	20%
T	债务期限	6

学术界已有大量文献研究企业的价值，本书借鉴 Black 和 Scholes 的资产定价模型，即：$dV/V=(r-\varphi)dt+\delta dz$，其中，$dV$ 代表企业的资产价值瞬时的变化值，dt 代表极短的时间的变化值，dz 代表均值为零，方差为 dt 的无穷小随机变量，r 代表无风险利率，φ 代表企业当期的现金支付率，δ 代表收益的波动率。在企业持续经营的期间，股东考虑是继续聘用还是解雇经理，主要依据其为企业带来的价值以及其管理防御行为给企业造成的价值减损情况；当企业经营不好甚至破产时，股东就会解雇经理，资产清算的损失是 λV_t。在这种条件下，基于债务类的不可重新谈判的前提，本书构建了企业价值、债务价值、股权价值以及经理的个人收益决定的模型。根据 Black 和 Scholes 的资产定价模型，风险中性的企业价值的模型和估值模型如下所示：

债务资金价值：

$$B(V_t)=kC+e^{-rt}[pB(uV_t)+(1-p)B(dV_t)] \tag{8-1}$$

股权价值：

$$S(V_t)=\varphi V_t-(1-\omega)kC+e^{-rt}[pS(uV_t)+(1-p)S(dV_t)] \tag{8-2}$$

股权价值与经理私人收益价值之和：

$$SM(V_t)=\varphi V_t-(1-\omega)kC+e^{-rt}[pSM(uV_t)+(1-p)SM(dV_t)] \quad (8-3)$$

经理私人收益：

$$M(V_t)=SM(V_t)-S(V_t) \quad (8-4)$$

第三节　模型结果分析

根据上述模型，通过表 8－1 中期初的变量的赋值来对经理的管理防御和企业价值、资本结构之间的影响进行检验。本章根据 Broadie 等（2007）的方法检验经理管理防御对企业的违约风险产生的影响，衡量违约风险大小时采用债务风险利差比这个指标，即本期负债的利息和负债资本价值之比减去无风险利率，即为：$kC/V_t(B)-r$。

第一，经理的管理防御行为不仅会减损股东和企业价值，而且会放大减损程度。

表 8－2 列示了不同水平下的经理管理防御对公司价值、股东价值及公司违约风险产生影响的相关结果。可以看出，经理管理防御水平从 0 上升为 0.10 的过程中，公司价值和股东价值分别由 103.84 和 56.98 降低为 86.12 和 43.67，分别下降了 17.72 和 13.31，公司价值的相对减损幅度分别为 1.99、3.07、3.51、4.02 和 5.13，股东价值的相对减损幅度分别为 1.22、2.69、2.81、2.93 和 3.66，公司价值和股东价值都出现了减损，而且减损幅度逐渐增大。这表明，经理管理防御水平与公司价值和股东价值存在反向变动关系，经理管理防御会对公司价值和股东价值造成减损，而且随着经理管理防御程度的增加，对公司价值和股东价值的减损程度将产生

放大效应。

表 8 - 2　　经理管理防御水平与公司价值等相关结果

η	V_t	V_t 减损幅度	$S(V_t)$	$S(V_t)$ 减损幅度	$M(V_t)$	$V_t+M(V_t)$
0.00	103.84	—	56.98	—	0.00	104.32
0.02	101.85	1.99	55.76	1.22	0.68	103.53
0.04	98.78	3.07	53.07	2.69	1.82	102.41
0.06	95.27	3.51	50.26	2.81	3.94	101.92
0.08	91.25	4.02	47.33	2.93	5.98	101.46
0.10	86.12	5.13	43.67	3.66	8.87	101.21

注：$C/V_0=60\%$，$T=6$，$\delta=0.3$。

另外，经理私人收益价值和公司价值之和从 104.32 变为 101.21，反映出这种管理防御行为在减损企业价值和股东价值的同时，也减损了企业的经济效率。因此，有助于抑制管理防御行为的公司治理措施，不仅有利于股东，而且有利于社会经济效益的提高。

第二，经理管理防御会对公司债务违约风险产生放大效应。

公司经营风险的大小可以用其收益的波动性表示，经营风险随着波动性的增加而增加，债务的违约风险也随之上升。公司的违约风险可以用债务风险利差比来表示，从表 8 - 3 可以看出，不存在管理防御行为条件下，即 $\eta=0$ 时，公司收益波动率从 0.1 变为 0.7 时，债务风险利差比从 68.32 上升为 510.62，上升了 442.3；但当经理管理防御水平由 0 分别增加到 0.05、0.10 时，公司收益波动率由 0.1 变为 0.7 时，债务风险利差比分别由 69.05 增大到 529.12 和由 70.65 增大 550.25，分别增加了 460.07 与 479.6，增幅逐渐增大。同理，仅仅考虑管理防御水平的变化，不考虑收益波动会产生的影响，实证结果也可以看出公司违约风险随着管理防御水平的增加而上升。比如当经理管理防御水平从0变为0.1时，在收益波动率为0.3时，债务风险利差比从136.75上升为160.83。所以，经理管理防御水平在引起企业违约风险增大的同时，还具有放大的效应。该结果说明，相对于那些规模较大或是较为成熟的公司而言，小规模和发展期的公司更容易受到经理管理防御的影响，这可能是因为后者具有较大的收益波动性，经理管理防御对这类公司违约风险的放大效应更为明显。

表8－3　　　公司收益波动率与经理管理防御相关结果

δ	η	V_t	$S(V_t)$	$M(V_t)$	$kC/V_t(B)-r$	$V_t+M(V_t)$
0.1	0.00	105.86	52.36	0	68.32	105.86
	0.05	100.42	47.29	5.32	69.05	105.74
	0.10	95.01	42.73	10.40	70.65	105.41
0.3	0.00	103.49	55.32	0	136.75	103.49
	0.05	96.89	51.47	4.73	148.46	101.62
	0.10	91.89	47.12	10.42	160.83	101.21
0.5	0.00	100.04	63.08	0	290.62	100.04
	0.05	95.35	58.53	4.57	308.78	99.92
	0.10	90.73	53.74	8.74	322.51	99.47
0.7	0.00	99.24	71.45	0	510.62	99.24
	0.05	94.62	66.39	4.51	529.12	99.13
	0.10	91.02	62.31	8.02	550.25	99.04
0.9	0.00	98.92	78.57	0	790.84	98.92
	0.05	93.64	75.86	4.78	821.73	98.42
	0.10	88.67	70.79	9.27	859.45	98.01

注：$C/V_0=60\%$，$T=6$。

另外，根据实证结果，经理的私人收益价值和企业的经营风险之间存在着非线性的关系。当δ为0.1时，经理的防御水平从0变为0.1，此时经理的私人收益价值增加了10.40；当δ是0.3时，则增加了10.42；但当δ是0.9时，却增加了9.27，可见二者之间并非是线性关系。这说明经理获取的私人收益价值受公司经营风险大小的影响，经营风险越大，获取的私人收益价值会随着防御程度相对减少，但减少的程度是非线性的。

第三，随着公司资本结构的变化，经理管理防御行为对公司价值相对不敏感，但对企业的违约风险更敏感。

表8-4列示了不同资本结构下经理管理防御水平与公司价值等变动的相关结果。经理管理防御程度从0增加为0.1的过程中，相对于不同的资本结构，公司债务风险利差比都随着经理管理防御程度的增大而增大；如资本结构在20%时，公司债务风险利差比从75.67增大到83.46。但当资本结构从20%变动为80%的过程中，公司债务风险利差比的增幅分别为7.79、17.13、50.94和86.37，经理管理防御对债务风险利差比增幅随着资本结构变动而出现放大趋势。而相对于公司价值和股东价值虽然都表现为下降趋势，但下降的绝对值相对较小，公司价值的下降幅度分别为10.49、9.47、8.72和8.51；股东价值的下降幅度分别为9.68、11.63、10.47和5.56。可以看出，在资本结构变动的过程中，经理管理防御对公司违约风险更为敏感，对公司价值和股东价值的敏感性相对较小。

表 8-4　　不同资本结构下经理管理防御与公司价值等变动结果

C/V_0	η	V_t	$S(V_t)$	$M(V_t)$	$kC/V_t(B)-r$	$V_t+M(V_t)$
0	0.00	104.52	100.00	0	—	104.52
	0.05	101.28	99.76	5.67	—	106.95
	0.10	96.71	95.31	10.13	—	106.84
20%	0.00	102.92	82.47	0	75.67	102.92
	0.05	97.34	75.52	5.52	80.04	102.86
	0.10	92.43	72.79	10.06	83.46	101.03
40%	0.00	100.82	62.39	0	127.68	100.82
	0.05	94.52	56.14	4.67	134.49	99.19
	0.10	89.47	50.76	9.69	144.81	99.16
60%	0.00	98.84	56.82	0	190.38	98.84
	0.05	93.53	52.48	5.06	210.75	98.59
	0.10	90.12	46.35	8.02	241.32	98.14
80%	0.00	97.63	26.78	0	311.27	97.63
	0.05	91.76	23.26	4.63	340.87	96.39
	0.10	89.12	21.22	7.12	397.64	96.24

注：$\delta=0.3$ $T=6$。

此外，随着公司负债比率从低向高的变动过程中，经理私人收益价值一直处于下降趋势，如 $\eta=0.10$ 时，从 10.13 下降为 7.12。这说明，负债的增加有助于降低经理人的管理防御行为，负债不仅增大了经理人还本付息的财务压力，也减少了公司自由现金流量。

第四，相对于短期负债，具有管理防御动机的经理更加偏好于长期负债。

经理人管理防御变动结果与债务期限的关系如表 8-5 所示。结果表明，债务期限变动对经理私人收益价值的影响是显而易见的。当公司资本结构和经理管理防御水平保持不变时，经理的私人收益价值随负债期限的增加而增加：在 C/V_0 是 20%，经理管理防御水平是0.1条件下，当债务期限从5年增长到20年时，经理私人收益价值从9.64增长到10.12；而当是80%经理管理防御水平是0.1时，随着债务期限从5年增长到20年，经理私人收益从8.24增长到9.23。此外，表8－3中的现象同样出现，即高负债比率下的经理私人收益价值明显小于低负债比率下的经理私人收益价值。如在 C/V_0 为80%时，各个债务期限和经理管理防御水平下的经理私人收益价值都小于 C/V_0 为20%时同条件下的经理私人收益价值。因此，从理论上来看，负债的增加虽然有助于抑制经理管理防御行为，但这种抑制作用会因为经理选择长期负债而产生一定的削弱，这也使得经理在选择债务融资时偏好长期负债融资。

表8－5　　债务期限与经理管理防御变动结果

C/V_0	T	η	V_t	$S(V_t)$	$M(V_t)$	$kC/V_t(B)-r$
20%	5	0.00	102.36	80.52	0	74.25
		0.05	98.13	76.21	5.14	79.78
		0.10	93.08	72.84	9.64	82.34
	10	0.00	103.21	82.11	0	70.12
		0.05	99.01	79.43	5.21	72.62
		0.10	94.31	75.06	9.98	75.14
	20	0.00	107.68	85.24	0	63.35
		0.05	101.11	81.71	5.02	66.48
		0.10	97.42	77.58	10.12	67.43
80%	5	0.00	103.52	28.63	0	300.12
		0.05	98.62	25.02	4.65	331.52
		0.10	93.48	23.49	8.24	352.78
	10	0.00	105.24	32.47	0	303.47
		0.05	100.26	30.15	4.42	33.61
		0.10	95.61	27.82	8.98	355.76

续表

C/V_0	T	η	V_t	$S(V_t)$	$M(V_t)$	$kC/V_t(B)-r$
80%	20	0.00	109.64	37.42	0	302.47
		0.05	103.43	35.17	4.88	325.18
		0.10	98.36	31.64	9.23	350.94

注：$\delta=0.3$。

本章小结

作为对委托代理理论研究的深化，经理管理防御假说为解释经理行为对公司财务政策和对公司价值影响提供了一种新的视角。经理基于职位固守的目的而产生的管理防御行为将使得公司价值最大化目标发生偏离，从而对公司价值及股东价值产生减损。本章在一定假设前提下，通过设计价值决定动态模型，并利用赋值算例方法对其进行了分析，分析结果表明：经理管理防御不仅会对公司价值和股东价值造成减损，而且对公司经济效率和公司违约风险也造成减损，并对减损程度和违约风险具有放大效应；公司资本结构变动时，经理管理防御对公司违约风险更为敏感，而对公司价值相对不敏感；相对于短期负债，经理更偏好长期负债，负债对于经理管理防御行为的抑制作用会因经理选择长期负债而有一定的削弱。

第九章　政策建议与结论展望

第一节　研究结论

经理管理防御是公司治理实务中出现的问题，本书在此基础上，分析公司的资本结构和企业的融资决策怎样受到经理管理防御行为的影响，并通过我国资本市场中的上市公司进行实证分析，研究如何有效地抑制经理管理防御问题。本书的研究主要得出如下结论：

第一，高工作转换成本、专用性的人力资本价值减损、经理控制权收益损失的不可弥补性是经理管理防御产生的主要原因，而相对于西方国家，我国企业经理人所面临的环境和制度背景不同，股权流动性差、经理选拔机制的非市场化以及经理人退出补偿条款缺失是我国经济转型制度背景下经理管理防御的深层次原因。

第二，经理管理防御的产生是建立在经理权利基础和非权利影响力之上的。经理在公司中拥有的权利和所具有的非权利影响力使其能主动应对公司内外部的控制和约束，达到稳固职位的目的，而我国上市公司经理所有权（经理持股）并非如西方企业那样成为经理管理防御形成的诱因，经理管理防御产生的主要权利基础是经理自主权和经理非权利影响力，并提出经理人任期是经理自主权在时间维度上的主要体现，经理人是否担任公司董事会其他职务尤其是是否担任董事长是经理自主权在空间维度上的体现。

第三，经理基于管理防御的动机而具有内在的股权融资偏好是导致我国企业优先选择股权融资的主要原因。在经理管理防御的动机下，经理都会首先最大限度地使用股权进行融资，这种融资选择会使经理的期望收益效用高于债务融资下的期望收益效用，只有当外部投资者基于理性预期降低股权预期而提高债权预期收益时，经理才会放弃继续使用股权融资而采取债权融资方式。实证检验的结果也表明，我国上市公司股权再融资偏好与经理管理防御有显著的正相关关系，具有管理防御动机的经理偏好股权再融资。

第四，经理管理防御是影响公司资本结构形成路径的一个重要因素，本书借鉴行为心理学的相关理论，在经理管理防御假设下，从理论上推导出了公司资本结构路径形成的过程，这个过程就是经理首先有一个融资选择的心理意向，这种心理意向会通过经理在公司中的控制力和影响力上升到公司的组织层面，最后通过经理对董事会的影响促使最终融资行为选择的实现，从而形成特定资本结构；经理对公司资本结构影响的形成过程包括融资意向形成、融资方案决策、融资活动开展直至资本结构的形成。经理基于管理防御动机的融资行为意向形成只是资本结构形成的前期阶段，属于个人意识活动层面，经理可以通过作为公司关键资源配置权的直接拥有者和财务行为的重要决策者的主导作用将经理个人融资意向上升为公司融资决策，从而形成特定资本结构。实证研究的结果也表明，在管理防御假设下，经理的行为态度、主观规范、知觉行为控制对公司资本结构的形成存在显著影响，各因素对资本结构的影响程度存在差异。

第五，经理管理防御是影响公司资本结构调整速度的重要因素。由于经理在财务决策中有基于职位稳固的管理防御动机，在进行融资决策时会选择有利于自身职位稳固的融资方式，当公司实际资本结构偏离最优资本结构时，经理人的行为必将会影响不同偏离状态的资本结构调整速度。经理管理防御与公司资本结构向下调整速度正相关；经理管理防御与公司资本结构向上调整速度负相关；相对于资本结构向上偏差，非国有企业经理管理防御对资本结构调整速度的影响比国有企业更为明显。相对于资本结构向下偏差，国有企业经理管理防御对资本结构调整速度的影响比非国有企业更为明显。

第六，通过引入经理管理防御影响因子，建立了股东和公司价值定价模型，并在初始赋值的基础上，研究发现，经理管理防御不仅会对公司价值和股东价值造成减损，而且对公司经济效率也造成减损，并对减损程度具有放大效应；并以债务风险比作为公司违约风险的替代变量，研究了经理管理防御对公司违约风险影响的变动关系，发现经理管理防御的增大会引起公司违约风险增大，并将增大程度进行放大；另外，研究还发现资本结构变动会影响经理管理防御对违约风险、公司价值的敏感性，在公司资本结构变动时经理管理防御对公司违约风险更为敏感，而对公司价值相对不敏感。

第二节 主要创新点

本书不同于以往研究的创新点如下所述:

第一，提出经理管理防御的产生是建立在经理权利基础与非权利影响力之上的。认为体现经理所有权的经理持股在我国并非经理管理防御产生的主要影响因素，构成经理权利主要方面的经理自主权才是经理管理防御产生的重要权利基础；而经理非权利影响力同样对经理管理防御的产生具有重要影响。这一结论有助于拓展关于经理持股能导致经理管理防御产生这一假说的内涵，扩大了经理管理防御假说的适用性。

第二，建立了一个基于经理管理防御假设下的企业再融资模型，模型分析表明，在经理管理防御的动机下，经理会首先最大限度地使用股权进行融资，只有当外部投资者基于理性预期降低股权预期而提高债权预期收益时，经理才会放弃继续使用股权融资而采取债权融资方式。并应用典型相关分析以我国上市公司的数据对理论模型的预测进行了实证检验。实证结果显示，经理管理防御是导致上市公司再融资首先选择股权再融资方式的重要原因，经理管理防御的程度越强，选择股权再融资的可能性就越大。

第三，揭示了经理管理防御行为对企业资本结构的形成路径产生影响的作用机理。本书分析了企业资本结构的形成路径，即在公司进行筹资选择时，经理首先有心理意向，由于经理在企业里面具有较强的影响力和控制力，这个心理意向可以上升到企业的组织层面，并且最终随着经理对董事会的影响而达成，最终形成经理个人心理意向下的资本结构；基于我国企业的样本数据进一步研究发现，经理的知觉行为控制、行为态度以及主观规范会显著影响企业资本结构。这些因素对企业的资本结构的影响是不同的。其中，影响企业资本结构形成的首要因素是经理的行为态度，其次是其知觉行为控制和主观规范，二者区别不明显。

第四，证实了当企业的资本结构在不同的偏离状态下，其调整速度受经理管理防御的影响是不同的。本书区分资本结构的向下偏差和向上偏差，依据企业融资方式受经理管理防御的研究结论，构建了动态的资本结构的调整模型，该模型“内化”了企业的目标资本结构。并基于我国资本市场中的制造业企业的数据，采用广义矩估计法，实证检验企业的资本结构的调整速度如何受经理管理防御的影响。结果发现，企业资本结构向上调整的速度与经理的管理防御是负相关的，而向下调整速度则与其是正相关的；经理管理防御对企业资本结构的调整速度的影响而言，当企业的资本结构向下偏差时，非国有企业没有国有企业明显；当企业的资本结构向上偏差时，非国有企业比国有企业更加明显。

第三节 政策建议

本书的主要研究表明，经理管理防御对企业的融资决策和资本结构产生了重要影响，经理人并非只是被动地受投资者的鼓励和监督性约束，经理人也会采取主动的行为去应对公司在治理的过程中造成的对自身职位威胁，由于离职产生的威胁和离职后在短时间内福利等潜在的收益和在职期间消费丧失，经理可能会产生主动应对公司的内部和外部控制机制的防御性动机，从而影响公司融资形式的选择和公司资本结构的调整，进而会对公司价值造成减损。根据本书的研究结论，提出如下相关政策建议。

一　提高董事会监督效率，进一步完善独立董事制度

尽管从治理结构安排上看，监事会负责对公司内部管理和运营进行监督，但董事会监督依然是公司内部监督的重要机制。董事会监督作用的有效发挥与董事会的构成和成员的独立性有关，因此，提高董事会成员的独立性尤其是建立独立董事制度非常重要。虽然我国独立董事制度中对独立董事的任职条件有具体规定，但在我国特有的背景下，不能排除独立董事任用过程中存在人情和关系问题，很难保证其完全独立于公司经理或董事会，独立董事的独立性大大降低。因此，要实现独立董事的独立性，必须完善公司的内部控制制度以及独立董事任命的合法机制，按照市场体系中董事的聘用规范进行独立董事的招聘、考察，真正做到独立于与公司的董事会和相关经理层，有效地发挥公司内部监督作用；另外，加大董事会中相对独立董事的数量和占比，可以让独立董事在董事会中按照自己的主观意识去表达想法，防止受经理和多数董事的干扰，从而保证提出的有利于公司发展的重要建议能够被采用，增加经理进行控制的难度，尽可能降低公司中尤其是经理的个人意志和权利对公司重大决策的影响程度，保证投资决策行为的规范化和程序化，从而实现决策的民主化和公司价值最大化。最后，培育独立董事声誉约束机制，充分发挥声誉机制所带来的行为约束，有效减少独立董事的违规行为和低效行为，促使其在公司治理中发挥应有的监督作用。

二 促进经理人市场的迅速成长，改变经理选拔方式

尽管我国职业经理人市场随着现代公司治理的发展有了长足的进步，但目前上市公司经理大多是由大股东推荐或上级主管部门委派的，其变更主要来自内部人集体，而不是依托于显示能力和传达声誉的经理人市场。特别是有国有背景的上市公司经理的选拔带有很强的行政色彩，这种选择机制使得经理对自己的职业生涯很难全面预测和准确把握，经理职业生涯的难以预测性会加大其管理防御行为动机，他们会更加追求目前在位的好处，更加期望公司平稳发展，思想僵化导致其难以把握住公司发展的重大机遇，最终引起公司价值减损。因此促进职业经理人市场的迅速发展和完善，可以使经理能力完全通过市场显现而非行政选派，这对经理树立正确的职业生涯观、正确面对职场压力和离职有重要的引导作用。经理将把提高公司业绩的经营管理能力作为其最重要的职业能力，而不是追求政治关系和政治表现来实现自身职位稳固。因此，以市场为基础，以企业家才能和综合素质为标准，建立完全市场化的经理资源配置机制是有效防止经理管理防御的外部竞争机制。

三 完善金融体制改革，提高债务资本应有的约束功能

负债在现代企业治理中不仅作为融资工具，更重要的是作为一种治理工具。负债始终被认为是抑制经理管理防御行为的重要手段，负债还本付息的硬约束不仅加大了经理的绩效压力，而且加大了企业破产清算的概率，这对经理的职位稳固构成极大的威胁；鉴

于目前我国债务资本治理功能的弱化、贷款预算软约束现象的存在，要有效抑制公司治理中经理管理防御就应该进行银行改革、完善金融体制，采用多元化的产权结构来使得银企产权同质性的程度降低，减少银行和企业之间的裙带关系，加强银行对企业的约束和监督，促使银行经营行为的市场化，使其真正作为借贷资金的主体出现在债权债务关系中。强化银行对贷款资金的约束和监督责任，真正发挥债务资本应有的硬约束功能。使银行不仅能在事前对公司不同债务资本区别定价，也能在事后积极主动地对上市公司经理运用银行资金的投资行为进行监督。

四 制定合理的经理股权激励

从我国目前的实际情况看，经理在公司中的持股比例普遍较低，这使得他们自身的利益和公司业绩之间缺乏相关性，也使他们没有太多的积极性改善公司业绩，导致过度追求控制权私人收益。因此，加强经理持股可增进公司业绩，能够提升股东财富，经理持有公司股份越多，越有利于降低代理成本、实现经理与股东之间的利益协调一致。然而，经理管理防御问题研究揭示出，经理持股作为公司治理中的激励机制，用以促使经理与股东利益协调一致，但是当经理持股比例达到一定程度时，反而成为经理管理防御产生的原因。但本书的研究发现，我国经理的持股比例较低，但也存在较为严重的经理管理防御行为，这与西方国家公司经理在持股比例处于较高水平时才会产生较为严重的管理防御行为有很大的不同。因此，我国企业在实施股权激励机制时，如何根据经理人员的具体情况确定合适的股权激励比例是理论和实践中都值得思考的问题。

五 完善公司制衡机制设计，有效发挥股东对公司应有的控制和监督

众多的研究理论表明，合理的股权安排可以有效改善公司治理效率。本书的研究结果发现，上市公司的经理管理防御程度的影响因素之一是股东持股的集中程度，而上市公司的实践表明，大股东控制是区别于国外公司股权分散的主要特征，而在此基础上形成的内部人控制非常明显，更有甚者是两种现象并存。因此，适当提高第二大股东或次要股东的控制权有助于改善现有的大股东控制和内部人控制所带来的公司效率低下和监督失效，更能降低大股东和公司经理人的合谋现象，从而使公司治理机制有效发挥应有的作用。尤其是在股权结构安排中增加机构投资者的比例和数量显得尤为重要，它们作为第三方力量具有监督的专业能力和资源优势，对改善我国上市公司的股权制衡机制效果更为明显。因此，培育和提倡机构投资者参与公司治理对抑制我国企业经理人管理防御行为和纠正财务决策偏离公司价值最大化目标是非常有效的措施。在实践中，就是在公司初次成立和其他融资资格的条件要求中必须有一定比例的机构投资者参与，尤其是要有一定比例的以基金公司为主体的机构投资者。基于西方股权制衡的经验，投资主体相对持股比例较大且对公司具有一定控制影响时，对完善公司治理有重要的改善作用，能有效提高公司内部控制的监督和约束效用。但经理偏离股东利益目标时，不是仅仅采用在公开市场上抛售公司股票的被动行为策略，而可能是选择召开股东大会的方式改组董事会，解雇不合格

经理等更为主动的策略，充分实现股东应有的权利。因此，在公司治理机制中安排一定比例和数量的机构投资者不仅有助于完善公司股权结构安排，更为重要的是可以抑制一股独大的管理弊端，使经理人更加有效地处于公司内部控制的监督和约束之下，这对于降低经理人和大股东的合谋、保护其他利益相关者有重要意义。

六 进一步改善我国企业尤其是上市公司的监督机制

董事会和监事会作为我国上市公司重要的治理机制中的监督主体，这种监督机制的安排与国外公司监督机制的安排完全不同，这种共同监督机制下的二元主体监督非但不能起到最初制度设计时所要达到的目标，对公司治理水平提高也没有产生明显的作用，反而出现相互冲突、实际监督效率下降。因此，明确界定双方职责和权限范围，改善现有监督机制的有效运行，使这种双监督主体能够更加高效地发挥其应该有的监督作用，降低管理防御程度，提升治理水平。企业的重要常设机构之一——监事会，从不同于董事会中独立董事所起的监督职能来看，对公司更加熟悉、更了解公司存在的管理漏洞，也有更多的精力和时间，在公司的监督体系中应该处于中心地位，以确保对公司的事中监督和事后监督。独立董事监督则应主要体现在事前监督，尤其是涉及公司未来战略的重大决策时，独立董事更要发挥其自身的专业性，在涉及公司重大资本运作、发展战略调整及产品市场的竞争策略决策等方面提供有效、专业的监督建议，从而更加有效地抑制经理管理防御行为。

第四节 研究局限及未来研究方向

经理管理防御是在传统代理理论研究基础上的扩展，也可以说是放宽了经理和股东目标函数一致的前提，更加关注人的心理和动机对行为的影响，这既是行为经济学的研究内容，也更加符合现代公司治理的实践，可以说是公司治理理论研究范围的扩展。本书的研究仅仅以公司融资方式选择和资本结构调整问题作为研究的侧重点，探寻了经理管理防御如何对其产生影响，其他相关方面的研究基本未曾涉及，再加之本书作者的分析水平和能力有限，致使现有的分析结论可能存在适用性和普遍性的缺乏，以后研究可以从这些方面考虑。研究的主要局限和未来研究重点如下：

第一，本书主要将影响经理管理防御动机强度的经理自身特征因素以及公司内部治理机制作为研究的侧重点，很少考虑公司外部控制机制因素对经理管理防御行为的影响。后期可针对外部市场竞争、控制权市场等因素的影响，进行深入研究和探讨。

第二，经理管理防御行为动机大多与经理心理层面活动有关，对其进行客观准确的度量相对比较困难，未来的探索可进一步借鉴和运用现代计算机技术、应用统计学、经济学和行为心理学等学科的先进研究成果，设计更为科学合理及适用性更强的度量方法和措施，改变现阶段分析中对经理管理防御水平测量方法单一、适用性不强的缺陷。

第三，经理所处的职业生涯发展阶段不同，对成就的追求侧重点也不相同。但管理防御作为行为动机的体现，可能一直存在于经理的整个职业生涯，因此，不同阶段的经理管理防御动机并非固定不变，而是具有发展性和动态性，未来的相关研究可将经理人按照不同职业生涯发展阶段进行分类研究，使得对经理管理防御的相关研究更具有针对性和实践性。

第四，为了使本书研究样本数据取得更加容易，本书采用沪深两市的数据作为样本来展开实证分析，鉴于非上市公司样本数据获取较为困难并且获取成本较高，项目研究过程中没有采用非上市公司的研究样本，使得实证可能结果的普遍性不高。未来的研究中应考虑非上市公司样本对分析结果造成的影响，以专门调查或实地调研等方式，分析本书的相关研究结论是否也适用于非上市公司，这不仅可提高理论研究的实用性和普遍性，而且对完善提高我国整体公司治理水平有重要的帮助。

参考文献

1. 白明、任若恩：《不同调整路径下资本结构的调整速度比较分析》，《系统工程》2011年第1期。

2. ［美］伯利、米恩斯：《现代公司与私有财产》，甘华鸣等译，商务印书馆2005年版。

3. 蔡楠、李海菠：《宏观经济因素对上市公司资本结构的影响》，《财经科学》2003年第1期。

4. 曹廷求、孙文祥：《股权结构与资本结构：中国上市公司实证分析》，《中国软科学》2004年第1期。

5. 陈维云、张宗益：《对资本结构财务影响因素的实证研究》，《财经理论与实践》2002年第1期。

6. 陈璇、李仕明、祝小宁：《国有控股、公司绩效与总经理变更：政府控制权的差异》，《系统工程理论方法应用》2006年第5期。

7. 段文婷、江光荣：《计划行为理论述评》，《心理科学进展》2008年第2期。

8. 冯根福、吴林江、刘世彦：《我国上市公司资本结构形成的影响因素分析》，《经济学家》2000年第5期。

9. 冯根福等:《上市公司高管人员自利对资本结构影响的实证分析》,《财贸经济》2004 年第 6 期。

10. 龚玉池:《公司绩效与高层更换》《经济研究》2001 年第 10 期。

11. 顾乃康、杨涛:《股权结构对资本结构影响的实证研究》,《中山大学学报》2004 年第 1 期。

12. 郝艳、李秉祥:《对防范管理防御的职业生涯管理对策的思考》,《软科学》2009 年第 6 期。

13. 郝艳、李秉祥:《基于 BP 神经网络的经理管理防御程度测评模型》,《科技管理研究》2010 年第 5 期。

14. 郝艳:《经理管理防御的成就动机探析》,《华东经济管理》2011 年第 2 期。

15. 洪锡熙、沈艺峰:《我国上市公司资本结构影响因素的实证分析》,《厦门大学学报》2000 年第 3 期。

16. 胡国柳、董屹:《上市公司股权结构与资本结构选择的实证研究》,《财经科学》2005 年第 5 期。

17. 胡国柳、黄景贵、裘益政:《股权结构与企业资本支出决策:理论与实证分析》,《管理世界》2006 年第 1 期。

18. 黄国良、程芳:《基于管理防御视角的中国上市公司股权融资偏好》,《管理现代化》2007 年第 4 期。

19. 黄国良、吕易:《管理防御与现金股利政策》,《财会通讯》2010 年第 18 期。

20. 黄辉:《企业资本结构调整速度影响因素的实证研究》,《经济科学》2010 年第 5 期。

21. 黄辉:《制度导向、宏观经济环境与企业资本结构调整》,《管理评论》2009 年第 3 期。

22. 黄辉、王志华:《资本结构行业差异及其影响因素的实证分析》,《财经理论与实践》2006 年第 1 期。
23. 姜付秀、刘志彪、李焰:《不同行业内公司之间资本结构差异研究》,《金融研究》2008 年第 5 期。
24. 柯江林、张必武、孙健敏:《上市公司总经理更替、高管团队重组与企业绩效改进》,《南开管理评论》2007 年第 4 期。
25. 孔爱国、薛光煜:《中国上市公司资本结构调整能力的实证研究》,《复旦学报》2005 年第 4 期。
26. 李秉祥、曹红、薛思珊:《我国上市公司经理管理防御程度的量化研究》,《上海立信会计学院学报》2008 年第 1 期。
27. 李秉祥、郝艳:《基于管理防御的企业投资短视行为的实验研究》,《预测》2009 年第 6 期。
28. 李秉祥、刘凤丽、陈飞:《经理管理防御对上市公司股权再融资方式选择的影响研究》,《管理学家》2011 年第 2 期。
29. 李秉祥、薛思珊:《基于经理人管理防御的企业投资短视行为分析》,《系统工程理论与实践》2008 年第 11 期。
30. 李秉祥、薛思珊:《经理管理防御与企业投资行为研究》,《当代经济管理》2007 年第 12 期。
31. 李秉祥、张明、武晓春:《经理管理防御对现金股利支付影响的实证研究》,《中南财经政法大学学报》2007 年第 6 期。
32. 李秉祥、谢晓婧:《企业经理管理防御影响因素的互动关系分析》,《西安理工大学学报》2009 年第 4 期。
33. 李怀祖:《管理研究方法论》,西安交通大学出版社 2004 年版。
34. 李金早、许晓明:《高阶管理理论及其完善与拓展》,《外国经济与管理》2008 年第 10 期。

35. 李有根、赵锡斌:《国外经理自主权研究及测量》,《外国经济与管理》2003 年第 12 期。

36. 李增福、李娟:《税率变动与资本结构调整》,《经济科学》2011 年第 5 期。

37. 连玉君、钟经樊:《中国上市公司资本结构动态调整机制研究》,《南方经济》2007 年第 1 期。

38. 刘星、魏锋、戴玉光:《经理管理防御下的公司股利政策研究》,《中国会计评论》2004 年第 12 期。

39. 陆正飞、辛宇:《上市公司资本结构主要影响因素之实证研究》,《会计研究》1998 年第 2 期。

40. 罗宏、黄文华:《国企分红、在职消费与公司业绩》,《管理世界》2008 年第 9 期。

41. 吕易:《管理防御下的上市公司现金股利实证研究》,《财会通讯》2011 年第 3 期。

42. 缪荣、茅宁:《基于进入权的企业专用性人力资本激励研究》,《科学学研究》2005 年第 8 期。

43. 屈耀辉:《中国上市公司资本结构的调整速度及其影响因素》,《会计研究》2006 年第 6 期。

44. 沈艺峰、沈洪涛、洪锡熙:《后资本结构理论的形成与发展》,《厦门大学学报》2004 年第 1 期。

45. 宋德舜、宋逢明:《国有控股、经营者变更和公司绩效》,《南开管理评论》2005 年第 1 期。

46. 苏冬蔚、曾海舰:《宏观经济因素与公司资本结构变动》,《经济研究》2009 年第 12 期。

47. 童光荣、胡耀亭、肖作平:《行业特征与资本结构研究》,《经济管理》2005 年第 8 期。

48. 王冬年:《基于管理防御假说的可转换债券融资》,《河北学刊》2007 年第 3 期。

49. 王皓、赵俊:《资本结构动态调整模型》,《经济科学》2004 年第 3 期。

50. 王娟、杨凤林:《中国上市公司资本结构影响因素的最新研究》,《国际金融研究》2002 年第 8 期。

51. 王正位、赵冬青:《资本市场摩擦与资本结构调整》,《金融研究》2007 年第 6 期。

52. 王志强、张玮婷、顾劲尔:《资本结构、管理层防御与上市公司高管薪酬水平》,《会计研究》2011 年第 2 期。

53. 陈郁编,[美] 威廉姆森:《交易费用经济学》,上海人民出版社 1996 年版。

54. 肖刚、王晓丰、李秉祥:《基于经理管理防御的企业资本结构优化研究》,《管理现代化》2009 年第 2 期。

55. 肖作平:《公司治理结构对资本结构类型的影响》,《管理世界》2005 年第 9 期。

56. 肖作平:《资本结构影响因素和双向效应动态模型》,《会计研究》2004 年第 2 期。

57. 徐莎:《中国上市公司资本结构行业间差异的实证研究》,《特区经济》2010 年第 8 期。

58. 薛薇:《基于 SPSS 的数据分析》,中国人民大学出版社 2011 版。

59. 杨瑞龙、杨其静:《专用性、专有性与企业制度》,《经济研究》2001 年第 3 期。

60. 姚琼:《宏观经济环境对农业上市公司资本结构的影响》,《经济问题探索》2004 年第 6 期。

61. 姚颖盈：《我国上市公司资本结构调整速度影响因素分析》，硕士学位论文，浙江大学，2011 年。

62. 袁春生、杨淑娥：《经理管理防御动因、策略及其经济后果》，《管理现代化》2008 年第 3 期。

63. 袁春生、杨淑娥：《经理管理防御下的公司财务政策选择研究综述》，《会计研究》2006 年第 7 期。

64. 袁春生、杨淑娥：《经理管理防御与企业非效率投资》，《经济问题》2006 年第 6 期。

65. 袁春生：《公司治理中经理管理防御及壁垒效应研究》，中国财政经济出版社 2008 年版。

66. 原毅军、孙晓华：《宏观经济要素与企业资本结构的动态优化》，《经济与管理研究》2006 年第 5 期。

67. 詹家昌、许月瑜：《经理固守职位对融资决策之影响》，《亚太管理评论》1999 年第 3 期。

68. 张海龙、李秉祥：《基于管理防御的公司资本结构形成路径解析及实证检验》，《西北农林科技学报》2011 年第 7 期。

69. 张海龙、李秉祥：《经济转型期我国企业经理管理防御行为动因分析》，《财会月刊》2010 年第 12 期。

70. 张海龙、李秉祥：《经理管理防御对企业过度投资行为影响的实证研究》，《管理评论》2010 年第 7 期。

71. 张海龙、李秉祥：《经理管理防御假设下的企业融资决策研究》，《科技管理研究》2010 年第 23 期。

72. 张海龙、李秉祥：《经理管理防御下的经理更换与独立董事、监事监督效率》，《天水师范学院学报》2010 年第 5 期。

73. 张长征、李怀祖:《公司治理中的经理自主权研究综述》,《软科学》2008 年第 5 期。

74. 赵延东:《社会资本理论的新进展》,《国外社会科学》2003 年第 3 期。

75. 朱红军:《高级经理人员更换与经营业绩》,《经济科学》2004 年第 2 期。

76. 朱克江:《经营者薪酬激励制度研究》,中国经济出版社 2002 年版。

77. Abe de Jong, Chris Veld, "An Empirical Analysis of Incremental Capital Structure Decisions under Managerial Entrenchment", *Journal of Banking and Finance*, Vol. 25, No. 10, September 2001.

78. Aghion, P., Bolton, P., "An Incomplete Contracts Approach to Financial Contracting", *The Review of Economic Studies*, Vol. 59, Issue 3, March 1992.

79. Ajzen, I., et al., "Prediction of Goal-directed Behavior: Attitudes, Intentions, and Perceived Behavioral Control", *Journal of Experimental Social Psychology*, Vol. 22, June 1986.

80. Ajzen, I., Fishbein M., *Understanding Attitudes and Predicting Social Behavior*, Prentice-Hall Inc., 1980.

81. Allen, M. P., Panian, S. K., "Power, Performance and Succession in the Large Corporation", *Administrative Science Quarterly*, Vol. 27, Issue 4, June 1982.

82. Ayla Kayhan, "Managerial Entrenchment and the Debt-Equity Choice", *SSRN Working Paper*, April 2003.

83. Bebchuk, L., Fried, J., *Pay Without Performance: The Unful-*

filled Promise of Executive Compensation, MA: Harvard University Press, 2004.

84. Berger, E. Philip, Eli Ofek, David L. Yermack, "Managerial Entrenchment and Capital Structure Decisions", *Journal of Finance*, Vol. 52, Issue 4, June 1997.

85. Berger, A. N., Udell, G. F., "The Economics of Small Business Finance: the Roles of Private Equity and Debt Markets in the Financial growth Cycle", *Journal of Banking and Finance*, Vol. 7, November 1998.

86. Berle, A. A., Means, G. C., *The Modern Corporation and Private Property* (Revised Edition), New York: Harcourt, Brace and World Inc., 1932.

87. Bevan, A., Danbolt, J., "Capital Structure and its Determinants in the UK: A Decomposition analysis", *Journal of Finance Economics*, Vol. 12, Issue 3, May 2002.

88. Black, F., Scholes, M. S., "The price of options and corporate liabilities", *Journal Of Political Economy*, Vol. 23, No. 7, July 1973.

89. Bokpin, G., "Macroeconomic Development and Capital Structure Decisions of Firms: Evidence from Emerging Market Economics", *Studies in Economics and Finance*, Vol. 26, No. 2, February 2009.

90. Booth, Laurence, Varouj Aivazian, "Capital Structures in Developing Countries", *Journal of Finance*, Vol. 56, March 2001.

91. Boyd, B. K., "CEO Duality and Firm Performance: A Contingency Model", *Strategic Management Journal*, Vol. 16, August 1995.

92. Bradley, Michael, George A. Jarrell, E. Han Kim, "On the Existence of an Optimal Capital Structure: Theory and Evidence", *Journal of Finance*, Vol. 39, Issue 2, 1984.

93. Brailsford T. J., Oliver, Puaslh, "On the Relation between Ownership Structure and Capital Structure", *Accounting & Finance*, Vol. 42, Issue 1, January 2002.

94. Broadie, M., Chernov, M., Sundaresan, S., "Optimal debt and Equity Values in the Presence", *Journal of Finance*, Vol. 62, Issue 7, July 2007.

95. Byoun S., "How and When do Firms Adjust Their Capital Structures Toward Targets?", *The Journal of Finance*, Vol. 6, No. 2, February 2008.

96. Catherine, Yongxiang Wang, "When Managers Cannot Commit: Capital Structure Under Inalienable Managerial Entrenchment", *Economics Letters*, Vol. 110, Issue 4, February 2011.

97. Cha-chung Chan, Victor W. Liu, Chun-shun Wu, "Managerial Entrenchment and Financing Decision", *Journal of Management and System*, Vol. 50, Issue 2, May 2006.

98. Cho, M. H., "Ownership Structure, Investment and the Corporate Value: An Empirical Analysis", *Journal of Financial Economics*, Vol. 47, No. 3, May 1998.

99. Cook, D. O., and T. Tang, "Macroeconomic Conditions and Capital Structure Adjustment Speed", Working Paper, June 2008.

100. Cui H. N., Mak T. Y., "The Relationship between Managerial Ownership and Firm Performance in High R&D Firms", *Journal of Fi-*

nancial Economics, Vol. 64, No. 6, September 2002.

101. David S. Scharfstein & Jeremy C. , "The Dark Side of Internal Capital Markets: Divisional Rent-Seeking and Inefficient Investment", *Journal of Finance*, Vol. 55, Issue 6, June 2004.

102. Deangelo H. , R. Masulis, "Optimal Capital Structure under Corporate and Personal Taxation", *Journal of Financial Economics*, Vol. 8, August 1980.

103. Denton Collins, Henry Huang, "Managerial Entrenchment and the Cost of Equity Capital Cost", *Journal of Business Research*, Vol. 64, Issue 1, February 2011.

104. Drobetz, W. , P. Pensa and G. Wanzenried, "Firm Characteristics, Economic Conditions and Capital Structure Adjustments", *SSRN Workingpaper*, September, 2007.

105. Drobetz, Wanzenried, Gabrielle, "What Determines the Speed of Adjustment to the Target Capital Structure?", *Applied Financial Economics*, Vol. 16, No. 13, June 2006.

106. Durand D. , "Cost of Debt and Equity Funds for Business, Trends and Problems of Measurement Conferences on Research on Business Finance", *National Bureau of Economic Research*, July 1952.

107. Eaton J. , Rosen H. S. , "Agency, Delayed Compensation and the Structure of Executive Remuneration", *Journal of Finance*, Vol. 38, No. 5, June 1983.

108. Edward G. , Hanka, "Capital Structure and Corporate Control: The Effect of Antitank Over Statutes on Firm Leverage", *Journal of Finance*, Vol. 54, Issue 2, March 1999.

109. Fama, E. F, Jensen, M. C. , "Separation of Ownership and Control", *Journal of Law and Economics*, Vol. 88, Issue 2, February 1983.

110. Farinha, "Dividend Policy, Corporate Governance and the Managerial Entrenchment Hypothesis: An Empirical Analysis", *Journal of Business Finance and Accounting*, Vol. 11, Issue 5, November 2003.

111. Faulkender, M. W. , Flannery, M. J. , Hankins, K. W. , Smith, J. M. , "Are Adjustment Costs Impeding Realization of Target Capital Structure", *AFA* 2008 *New Orleans Meetings Paper.*

112. Fich, Eliezer M. , Shivdasani, Anil, "Financial Fraud, Director Reputation, and Shareholder Wealth", *Journal of financial economics*, Vol. 82, No. 2, April 2007.

113. Finkelsicin & Hambrick, "Chief Executive Compensation: A study of the Intersection of Markets and Political Processes", *Strategic Management Journal*, Vol. 10, October 1989.

114. Finkelstein, S. , "Power in Top Management Teams: Dimensions, Measurement, and Validation", *Academy of Management Journal*, Vol. 35, No. 1, March 1992.

115. Firth, M. , "The impact of institutional Stockholders and Managerial interests on the capital Structure of firms", *Managerial and Decision Structure*, Vol. 16, No. 2, April 1995.

116. Fishbein, M. , Ajzen, I. , *Belief, Attitude, Intention, and Behavior: An Introduction to Theory and Research Reading*, Addison-Wesley, 1975.

117. Flannery, M. J. , Rangan, K P. , "Partial Adjustment Toward Target Capital Structure", *Journal of Financial Economics*, Vol. 79, Issue 1, June 2006.

118. Gilson, S. C. , "Management Turnover and Financial Distress", *Journal of Financial Economy*, Vol. 25, Issue 2, April 1989.

119. Goyal, V. K, Park, C. W. , "Board Leadership Structure and CEO Turnover", *Journal of Corporate Finance*, Vol. 8, August 2002.

120. Haas R. , Peeters M. , "The Dynamic Adjustment Towards Target Capital Structures of Firms in Transition Economies", *The Economies of Transition*, Vol. 14, Issue 1, March 2006.

121. Hambrick D. C. , Fukutomi, G. D. , "The Seasons of a CEO's Tenure", *Academy of Management Review*, Vol. 16, No. 8, August 1991.

122. Hao Wang, "Managerial Entrenchment, Equity Payout and Capital Structure", *Journal of Banking & Finance*, Vol. 35, September 2011.

123. Harris, M. , Raviv A. , "The Theory of Capital Structure", *Journal of Finance*, Vol. 64, December 1991.

124. Harris, M. , and Raviv, A. , "Corporate Control Contests and Capital Structure", *Journal of Financial Economics*, Vol. 20, No. 4, August 1988.

125. Hart, O. , "Corporate Governance Come Theory and Implications", *Economic Journal*, Vol. 105, No. 3, June 1995.

126. Holderness, C. , Sheehan, "Were the Good Old Days that Good? Changes in Managerial Stock Ownership since the Great Depres-

sion", *The Journal of Finance*, Vol. 54, September 1999.

127. Israel, R., "Capital Structure and the Market for Corporate Control: The Role of Debt financing", *Journal of Financing*, Vol. 46, No. 6, August 1991.

128. Jensen, M. C., Murphy, K. J., "CEO Incentives-It's Not How Much You Pay, But How", *Harvard Business Review*, Vol. 18, No. 3, March 1990.

129. Jensen, M. C., Meckling, W., "Theory of the firm: Managerial behavior, Agency costs, and Capital structure", *Journal of Economic*, Vol. 3, June 1976.

130. Jong A., Kabir R., Nguyen T. T., "Capital Structure around the Word: The Roles of Firm-and Country-Specific Determinants", *Journal of Banking & Finance*, Vol. 32, No. 9, September 2008.

131. Jung, Kim and Stulz, "Managerial Entrenchment and Payout Policy", *Journal of Financial Quantitative Analysis*, Vol. 39, No. 4, April 1996.

132. Kester Carl W., "Capital and Ownership Structure: a Comparison of United States and Japanese Corporations", *Financial Management*, Vol. 3, June 1986.

133. Kim Moon K., Chunchi Wu., "Effects of Inflation on Capital Structure", *The Financial Review*, Vol. 23, No. 3, September 1988.

134. Korajczyk, Amnon Levy, "Capital Structure Choice: Macroeconomic Conditions and Financial Constraints", *Journal of Financial Economics*, Vol. 68, June 2003.

135. Kreps, D. And Wilson R., "Reputation and Imperfect Information",

Journal of Economic Theory, Vol. 27, No. 2, April 1982.

136. Lemmon M. L., Roberts M. R., Zender J. F., "Back to the Beginning: Persistence and the Cross-section of Corporate Capital Structure", *Journal of Finance*, Vol. 4, No. 4, April 2008.

137. Levy, A., Hennessy, C., "Why Dose Capital Structure Choice Vary with Macroeconomic Conditions?", *Journal of Financial of Monetary Economics*, Vol. 54, No. 6, June 2007.

138. Lundstrum, "Corporate Investment Myopia: A Horserace of the Theories", *Journal of Corporate*, Vol. 3, No. 4, August 2005.

139. Lambert, R. A., Larcker, D. F. and Keith Weigelt, "The Structure of Organizational Incentives", *Administrative Science Quarterly*, Vol. 38, No. 3, March 1993.

140. McConnell, J. J., Servaes, H., "Additional Evidence on Equity Ownership and Corporate Value", *Journal of Financial Economics*, Vol. 27, No. 2, April 1990.

141. Mcconnell, J. J., Servaes, H., "Equity Ownership and the Two Faces of Debt", *Journal of Economics*. Vol. 39, No. 5, May 1995.

142. Michael Spence, "Job Market Signaling", *The Quarterly Journal of Economics*, Vol. 3, No. 3, March 1973.

143. Miller, M. H., "Debt and Taxes", *Journal of finance*, Vol. 32, No. 3, June 1977.

144. Modigliani F. and Miller, M. H., "the Cost of Capital, Corporation Finance, and the Theory of Investment", *American Economic Review*, Vol. 48, No. 1, January 1958.

145. Myers S. C., "Determinants of Corporate Borrowing", *Journal of*

Financial Economics, Vol. 5, No. 1, February 1977.

146. Myers S. C., "The Capital Structure", *Journal of economics perspectives*, Vol. 15, No. 2, February 2001.

147. Myers, S., Majluf, N., "Corporate Financing and Investment Decisions When Firms Have Formation that Investors do not Have", *Journal of Financial Economies*, Vol. 13, Issue 1, January 1984.

148. Nagarajan, N. K., Sridhar, S., "Managerial Entrenchment, Reputation and Corporate Investment Myopia", *Journal of Accounting Auditing and Finance*, Vol. 10, Issue 3, June 1995.

149. Nejia, "Managerial Entrenchment: Modelisation and Impact on the Shareholder Wealth", *Working paper*, 2005.

150. Novaes W., Zingales, "Capital Structure Choice when Managers in Control: Entrenchment versus Efficiency", *Working Paper*, 1995.

151. Novaes, "Managerial Turnover and Leverage under a Takeover threat", *University of Washington Working paper*, 2000.

152. Oliver E. Williamson, "Corporate Finance and Corporate Governance", *the Journal of Financial*, Vol. 43, No. 3, July 1988.

153. Ozkan A., "Determinants of Capital Structure and Adjustment to Long Run Target: Evidence from UK Company Panel Data", *Journal of Business Finance & Accounting*, Vol. 28, June 2001.

154. Paquerot, "Strategy of Entrechment, Performance of Firm and Control", *Corporate Governance*, Vol. 2, April 1990.

155. Pige B., "Entrenchment Des Dirigeants. Et Richesse Des Actionnaires", *Finance Control Strategy*, Vol. 3, June 1999.

156. Pittman, J. , Klassen, K. , "The Influence of Firm Maturation on Firms' Rate of Adjustment to their Optimal Capital Structures", *Journal of the American Taxation Association*, Vol. 23, July 2001.

157. Rajan, R. G. , Zingales, L. , "What does We Know about Capital Structure? Some Evidence from International Data", *Journal of Finance*, Vol. 50, December 1995.

158. Rajan, R. , Zingales, L. , "Power in a Theory of the Firm", *The Quarterly Journal of Economics*, Vol. 13, No. 2, February 1998.

159. Ross, "The Determination of Financial Structure: The Incentive-signaling Approach", *The Bell Journal of Economies*, Vol. 8, No. 1, February 1977.

160. Scott, D. J. Martin, "Industry Influence on Financial Structure", *Financial Management*, Vol. 4, No. 1, January 1975.

161. Sett, K. , Sarkhel, J. , "Financial Sector Development and Capital Structure of Indian Private Corporate Sector during the Period 1981 -2007", *The IUP Journal of Applied Finance*, Vol. 16, No. 1, February 2010.

162. Short, H. , Keasey, R. , D. Duxbury, "Capital Structure, Management Ownership and Larger External Shareholder: A UK Analysis", *International Journal of Business*, Vol. 36, July 2002.

163. Stulz, R. , "Managerial Control of Voting Rights Financing Policies and the Market for Corporate Control", *Journal of Financial Economies*, Vol. 20, No. 2, April 1988.

164. Shleifer and Vishny, "Management Ownership and Market Valua-

tion-An Empirical Analysis", *Journal of Accounting and Economics*, Vol. 20, No. 3, June 1988.

165. Titman, S., Wessels, R., "The Determinants of Capital Structure Choice", *Journal of Finance*, Vol. 43, July 1988.

166. Ulrike Malmendier & Geoffrey Tate, "Superstar CEOs", *The Quarterly Journal of Economics*, Vol. 124, No. 4, September 2009.

167. Wanzenried, G., "Capital Structure Dynamics in the UK and Continental Europe", *The European Journal of Finance*, Vol. 12, December 2006.

168. Weir, C. and Peter, J., "Director Entrenchment and the Takeover Process: Some UK Evidence", *Journal of Applied Management Studies*, Vol. 8, No. 2, April 1999.

169. Zingales, L., "In Search of New Foundations", *NBER working-paper*, May 2000.

170. Zweibel, J., "Dynamic Capital Structure under Managerial entrenchment", *American Economic Review*, Vol. 86, No. 4, December 1996.

附　　录

附录1　访谈大纲

访谈大纲：

1. 您的基本情况？学历、年龄、专业背景、任职年限等？

2. 您认为作为一名总经理，对您来说哪些因素可能影响您的职位变更？

3. 您认为目前您所在的单位给您的薪酬待遇如何？这些待遇由哪些方面构成？

4. 您认为目前您所在的单位对您的约束机制如何？在哪些方面对您进行了限制？

5. 您现在是否考虑过更换工作，假如你现在更换工作的话，您将会有哪方面的损失？这种损失对您来说是否非常巨大？

6. 您如何看待董事长和总经理的兼任情况，兼职对您的离职会产生影响吗？

7. 您在公司筹资决策中会采取哪些方面的措施？

8. 您比较倾向于债务筹资还是股权筹资？为什么会选择该种方式？

9. 您是否在企业外部兼职，您认为兼职会增加您对企业的控制力吗?

10. 您认为所学专业会对您重新找工作造成困难吗?

11. 您持有所在公司股份吗？您认为是否离职与持有公司股份关系大吗?

12. 您认为下列哪些因素影响经理管理防御，并选择前7位的影响因素：

（1）经理持股比例

（2）经理任期

（3）经理领导力

（4）经理社会资本

（5）经理人力资本对企业的专用贡献

（6）董事会对经理人的监控

（7）经理的职业经历

（8）经理专业背景

（9）经理年龄

（10）经理受教育程度

（11）转换工作成本

（12）股权集中度

（13）公司绩效

（14）经理对公司资源运作权的大小

（15）公司规模大小

（16）控股股东属性

（17）经理声誉

（18）其他（请列出）

附录2　经理管理防御影响因素调查问卷

尊敬的总经理/其他高级管理层的先生（女士）：

您好！非常感谢您在百忙中填写这份问卷。本问卷旨在研究经理管理防御动因，为使问卷结论更具科学性，本问卷最好由企业的管理层，最好是总经理来进行回答。

本问卷纯属学术研究之用，本调查不必署名，回答无对错之分，本书将对您的回答严格保密。内容不会涉及贵企业的商业机密问题，所获信息也不会用于任何商业目的，请您放心并尽可能客观回答。您的回答对我们的研究结论非常重要，非常感谢您的热情帮助！若您对我们的研究感兴趣或有好的建议，请与我们联系。

一　企业及个人的背景资料

第一部分：企业背景调查（请在相应的选项上画"√"）

1. 您所在企业的名称

2. 您所在公司的性质？

A. 民营企业/私营企业　　B. 国有企业/集体企业

C. 外商独资企业　　D. 外商合资/合作企业

3. 您所在公司所处行业

A. 交通运输/仓储行业　　B. 石油/化工行业

C. 电子/机械行业　　D. 金融保险行业

E. 信息技术/文化传媒　　F. 房地产/建筑行业

G. 电力/供水行业　　H. 其他

第二部分：个人情况调查（请在相应的选项上画“√”）

1. 您的年龄

A. 35 岁以下　　B. 35—45 岁

C. 46—55 岁　　D. 55 岁以上

2. 您的学历

A. 硕士及以上　　B. 本科

C. 专科　　D. 初高中毕业

3. 您在现在企业工作的年限

A. 3 年以内　　B. 3—5 年

C. 6—8 年　　D. 8 年以上

4. 您所学的专业与您从事的职业的一致程度?

A. 基本一致　　B. 差别不大

C. 差别较大　　D. 差别很大

5. 您拥有公司股份比例为?

A. 5% 以上　　B. 2% —5%

C. 小于 2%　　D. 不拥有

6. 您每次转换工作所在公司的行业关联度?

A. 完全不相干　　B. 关联衍生行业

C. 相同行业　　D. 就是同一家公司

7. 您转换工作的次数?

A. 5 次以上　　B. 3—5 次

C. 1—2 次　　D. 0 次

二　调查问卷（请在相应的数值上画“√”）

本问卷采用五级打分制，分值1—5表示您认为题项中所描述的内容与您实际情况的符合程度（①=非常符合、②=符合、③=基本符合、④=不符合、⑤=非常不符合）。

序号	经理管理防御动因描述	数字越高代表越认同				
1	学历较高，离职后有助于寻找新工作	①	②	③	④	⑤
2	年龄越大，工作越趋于谨慎，越担心离职	①	②	③	④	⑤
3	在一个公司工作年限越长，不想更换目前的工作	①	②	③	④	⑤
4	专业背景是经济学或者管理学在离职后有助于重新找到工作	①	②	③	④	⑤
5	持有所在公司的股票，并对持有的比例感到满意	①	②	③	④	⑤
6	个人社会兼职越多，有利于工作的开展	①	②	③	④	⑤
7	自己的年薪和工作绩效相关	①	②	③	④	⑤
8	个人专业知识对公司的成长发展有很大的贡献	①	②	③	④	⑤
9	董事会对您的监管力度比较大	①	②	③	④	⑤
10	独立董事对您工作的监管力度比较大	①	②	③	④	⑤
11	监事会对您工作的监管力度比较大	①	②	③	④	⑤
12	公司对您的各项花费及开支均有严格的规定	①	②	③	④	⑤
13	兼任公司董事长会有助于自己职位稳固	①	②	③	④	⑤
14	在公司内部拥有的头衔越多声望越高	①	②	③	④	⑤
15	所在公司的控股股东是国有背景有助于自身职位安全	①	②	③	④	⑤
16	公司股权分散有利于职位安全	①	②	③	④	⑤
17	喜欢在规模较大的公司就职	①	②	③	④	⑤
18	若现在辞职另谋高就，付出的代价较高	①	②	③	④	⑤
19	对公司资产的处置权越大，越有利于职位稳固	①	②	③	④	⑤
20	良好的声誉有助于自身维护职位安全	①	②	③	④	⑤

问卷到此结束，您辛苦了！为了提高问卷的有效率，请您检查您的回答。如果需要最后的统计分析结果，我们可以向您提供。再次感谢您的支持与合作。

《融资决策、资本结构调整与经理管理防御》项目课题组